Jean-Paul Sartre

Les mots

Gallimard

A madame Z.

I

Lire

En Alsace, aux environs de 1850, un instituteur accablé d'enfants consentit à se faire épicier. Ce défroqué voulut une compensation : puisqu'il renonçait à former les esprits, un de ses fils formerait les âmes ; il y aurait un pasteur dans la famille, ce serait Charles. Charles se déroba, préféra courir les routes sur la trace d'une écuyère. On retourna son portrait contre le mur et fit défense de prononcer son nom. A qui le tour ? Auguste se hâta d'imiter le sacrifice paternel : il entra dans le négoce et s'en trouva bien. Restait Louis, qui n'avait pas de prédisposition marquée : le père s'empara de ce garçon tranquille et le fit pasteur en un tournemain. Plus tard Louis poussa l'obéissance jusqu'à engendrer à son tour un pasteur, Albert Schweitzer, dont on sait la carrière. Cependant, Charles n'avait pas retrouvé son écuyère ; le beau geste du père l'avait marqué : il garda toute sa vie le goût du sublime et mit son zèle à fabriquer de grandes circonstances avec de petits événements. Il ne songeait pas, comme on voit, à éluder la vocation familiale : il souhaitait se vouer à une forme atténuée de spiritualité, à un sacerdoce qui lui permît les écuyères. Le professorat fit l'af-

faire : Charles choisit d'enseigner l'allemand. Il sou-
tint une thèse sur Hans Sachs, opta pour la méthode
directe dont il se dit plus tard l'inventeur, publia,
avec la collaboration de M. Simonnot, un *Deutsches
Lesebuch* estimé, fit une carrière rapide : Mâcon,
Lyon, Paris. A Paris, pour la distribution des prix, il
prononça un discours qui eut les honneurs d'un tirage
à part : « Monsieur le Ministre, Mesdames, Messieurs, mes chers enfants, vous ne devineriez jamais
de quoi je vais vous parler aujourd'hui ! De la
musique ! » Il excellait dans les vers de circonstance.
Il avait coutume de dire aux réunions de famille :
« Louis est le plus pieux, Auguste le plus riche ; moi
je suis le plus intelligent. » Les frères riaient, les
belles-sœurs pinçaient les lèvres. A Mâcon, Charles
Schweitzer avait épousé Louise Guillemin, fille d'un
avoué catholique. Elle détesta son voyage de noces :
il l'avait enlevée avant la fin du repas et jetée dans un
train. A soixante-dix ans, Louise parlait encore de la
salade de poireaux qu'on leur avait servie dans un
buffet de gare : « Il prenait tout le blanc et me laissait
le vert. » Ils passèrent quinze jours en Alsace sans
quitter la table ; les frères se racontaient en patois des
histoires scatologiques ; de temps en temps, le pasteur se tournait vers Louise et les lui traduisait, par
charité chrétienne. Elle ne tarda pas à se faire
délivrer des certificats de complaisance qui la dispen-
sèrent du commerce conjugal et lui donnèrent le
droit de faire chambre à part ; elle parlait de ses
migraines, prit l'habitude de s'aliter, se mit à détester
le bruit, la passion, les enthousiasmes, toute la grosse
vie fruste et théâtrale des Schweitzer. Cette femme
vive et malicieuse mais froide pensait droit et mal,
parce que son mari pensait bien et de travers ; parce

qu'il était menteur et crédule, elle doutait de tout :
« Ils prétendent que la terre tourne ; qu'est-ce qu'ils
en savent ? » Entourée de vertueux comédiens, elle
avait pris en haine la comédie et la vertu. Cette
réaliste si fine, égarée dans une famille de spiritua-
listes grossiers se fit voltairienne par défi sans avoir lu
Voltaire. Mignonne et replète, cynique, enjouée, elle
devint la négation pure ; d'un haussement de sourcils,
d'un imperceptible sourire, elle réduisait en poudre
toutes les grandes attitudes, pour elle-même et sans
que personne s'en aperçût. Son orgueil négatif et son
égoïsme de refus la dévorèrent. Elle ne voyait
personne, ayant trop de fierté pour briguer la première place, trop de vanité pour se contenter de la
seconde. « Sachez, disait-elle, vous laisser désirer. »
On la désira beaucoup, puis de moins en moins, et,
faute de la voir, on finit par l'oublier. Elle ne quitta
plus guère son fauteuil ou son lit. Naturalistes et
puritains — cette combinaison de vertus est moins
rare qu'on ne pense — les Schweitzer aimaient les
mots crus qui, tout en rabaissant très chrétiennement
le corps, manifestaient leur large consentement aux
fonctions naturelles ; Louise aimait les mots couverts.
Elle lisait beaucoup de romans lestes dont elle
appréciait moins l'intrigue que les voiles transparents
qui l'enveloppaient : « C'est osé, c'est bien écrit,
disait-elle d'un air délicat. Glissez, mortels, n'appuyez pas ! » Cette femme de neige pensa mourir de
rire en lisant *La Fille de feu* d'Adolphe Belot. Elle se
plaisait à raconter des histoires de nuits de noces qui
finissaient toujours mal : tantôt le mari, dans sa hâte
brutale, rompait le cou de sa femme contre le bois du
lit et tantôt, c'était la jeune épousée qu'on retrouvait,
au matin, réfugiée sur l'armoire, nue et folle. Louise

vivait dans le demi-jour ; Charles entrait chez elle, repoussait les persiennes, allumait toutes les lampes, elle gémissait en portant la main à ses yeux : « Charles ! tu m'éblouis ! » Mais ses résistances ne dépassaient pas les limites d'une opposition constitutionnelle : Charles lui inspirait de la crainte, un prodigieux agacement, parfois aussi de l'amitié, pourvu qu'il ne la touchât pas. Elle lui cédait sur tout dès qu'il se mettait à crier. Il lui fit quatre enfants par surprise : une fille qui mourut en bas âge, deux garçons, une autre fille. Par indifférence ou par respect, il avait permis qu'on les élevât dans la religion catholique. Incroyante, Louise les fit croyants par dégoût du protestantisme. Les deux garçons prirent le parti de leur mère ; elle les éloigna doucement de ce père volumineux ; Charles ne s'en aperçut même pas. L'aîné, Georges, entra à Polytechnique ; le second, Émile, devint professeur d'allemand. Il m'intrigue : je sais qu'il est resté célibataire mais qu'il imitait son père en tout, bien qu'il ne l'aimât pas. Père et fils finirent par se brouiller ; il y eut des réconciliations mémorables. Émile cachait sa vie ; il adorait sa mère et, jusqu'à la fin, il garda l'habitude de lui faire, sans prévenir, des visites clandestines ; il la couvrait de baisers et de caresses puis se mettait à parler du père, d'abord ironiquement puis avec rage et la quittait en claquant la porte. Elle l'aimait, je crois, mais il lui faisait peur : ces deux hommes rudes et difficiles la fatiguaient et elle leur préférait Georges qui n'était jamais là. Émile mourut en 1927, fou de solitude : sous son oreiller, on trouva un revolver ; cent paires de chaussettes trouées, vingt paires de souliers éculés dans ses malles.

Anne-Marie, la fille cadette, passa son enfance sur une chaise. On lui apprit à s'ennuyer, à se tenir droite, à coudre. Elle avait des dons : on crut distingué de les laisser en friche ; de l'éclat : on prit soin de le lui cacher. Ces bourgeois modestes et fiers jugeaient la beauté au-dessus de leurs moyens ou au-dessous de leur condition ; ils la permettaient aux marquises et aux putains. Louise avait l'orgueil le plus aride : de peur d'être dupe elle niait chez ses enfants, chez son mari, chez elle-même les qualités les plus évidentes ; Charles ne savait pas reconnaître la beauté chez les autres : il la confondait avec la santé : depuis la maladie de sa femme, il se consolait avec de fortes idéalistes, moustachues et colorées, qui se portaient bien. Cinquante ans plus tard, en feuilletant un album de famille, Anne-Marie s'aperçut qu'elle avait été belle.

A peu près vers le même temps que Charles Schweitzer rencontrait Louise Guillemin, un médecin de campagne épousa la fille d'un riche propriétaire périgourdin et s'installa avec elle dans la triste grand-rue de Thiviers, en face du pharmacien. Au lendemain du mariage, on découvrit que le beau-père n'avait pas le sou. Outré, le docteur Sartre resta quarante ans sans adresser la parole à sa femme ; à table, il s'exprimait par signes, elle finit par l'appeler « mon pensionnaire ». Il partageait son lit, pourtant, et, de temps à autre, sans un mot, l'engrossait : elle lui donna deux fils et une fille ; ces enfants du silence s'appelèrent Jean-Baptiste, Joseph et Hélène. Hélène épousa sur le tard un officier de cavalerie qui devint fou ; Joseph fit son service dans les zouaves et se retira de bonne heure chez ses parents. Il n'avait pas de métier : pris entre le mutisme de l'un et les

criailleries de l'autre, il devint bègue et passa sa vie à
se battre contre les mots. Jean-Baptiste voulut préparer Navale, pour voir la mer. En 1904, à Cherbourg,
officier de marine et déjà rongé par les fièvres de
Cochinchine, il fit la connaissance d'Anne-Marie
Schweitzer, s'empara de cette grande fille délaissée,
l'épousa, lui fit un enfant au galop, moi, et tenta de
se réfugier dans la mort.

Mourir n'est pas facile : la fièvre intestinale montait sans hâte, il y eut des rémissions. Anne-Marie le
soignait avec dévouement, mais sans pousser l'indé-
cence jusqu'à l'aimer. Louise l'avait prévenue contre
la vie conjugale : après des noces de sang, c'était une
suite infinie de sacrifices, coupée de trivialités nocturnes. A l'exemple de sa mère, ma mère préféra le
devoir au plaisir. Elle n'avait pas beaucoup connu
mon père, ni avant ni après le mariage, et devait
parfois se demander pourquoi cet étranger avait
choisi de mourir entre ses bras. On le transporta dans
une métairie à quelques lieues de Thiviers ; son père
venait le visiter chaque jour en carriole. Les veilles et
les soucis épuisèrent Anne-Marie, son lait tarit, on
me mit en nourrice non loin de là et je m'appliquai,
moi aussi, à mourir : d'entérite et peut-être de
ressentiment. A vingt ans, sans expérience ni
conseils, ma mère se déchirait entre deux moribonds
inconnus ; son mariage de raison trouvait sa vérité
dans la maladie et le deuil. Moi, je profitais de la
situation : à l'époque, les mères nourrissaient elles-
mêmes et longtemps ; sans la chance de cette double
agonie, j'eusse été exposé aux difficultés d'un
sevrage tardif. Malade, sevré par la force à neuf
mois, la fièvre et l'abrutissement m'empêchèrent de
sentir le dernier coup de ciseaux qui tranche les liens

de la mère et de l'enfant ; je plongeai dans un monde confus, peuplé d'hallucinations simples et de frustes idoles. A la mort de mon père, Anne-Marie et moi, nous nous réveillâmes d'un cauchemar commun ; je guéris. Mais nous étions victimes d'un malentendu : elle retrouvait avec amour un fils qu'elle n'avait jamais quitté vraiment ; je reprenais connaissance sur les genoux d'une étrangère.

Sans argent ni métier, Anne-Marie décida de retourner vivre chez ses parents. Mais l'insolent trépas de mon père avait désobligé les Schweitzer : il ressemblait trop à une répudiation. Pour n'avoir su ni le prévoir ni le prévenir, ma mère fut réputée coupable : elle avait pris, à l'étourdie, un mari qui n'avait pas fait d'usage. Pour la longue Ariane qui revint à Meudon, avec un enfant dans les bras, tout le monde fut parfait : mon grand-père avait demandé sa retraite, il reprit du service sans un mot de reproche ; ma grand-mère, elle-même, eut le triomphe discret. Mais Anne-Marie, glacée de reconnaissance, devinait le blâme sous les bons procédés : les familles, bien sûr, préfèrent les veuves aux filles mères, mais c'est de justesse. Pour obtenir son pardon, elle se dépensa sans compter, tint la maison de ses parents, à Meudon puis à Paris, se fit gouvernante, infirmière, majordome, dame de compagnie, servante, sans pouvoir désarmer l'agacement muet de sa mère. Louise trouvait fastidieux de faire le menu tous les matins et les comptes tous les soirs mais elle supportait mal qu'on les fît à sa place ; elle se laissait décharger de ses obligations en s'irritant de perdre ses prérogatives. Cette femme vieillissante et cynique n'avait qu'une illusion ; elle se croyait indispensable. L'illusion s'évanouit : Louise se mit à jalouser sa

fille. Pauvre Anne-Marie : passive, on l'eût accusée
d'être une charge ; active, on la soupçonnait de
vouloir régenter la maison. Pour éviter le premier
écueil, elle eut besoin de tout son courage, pour
éviter le second, de toute son humilité. Il ne fallut pas
longtemps pour que la jeune veuve redevînt
mineure : une vierge avec tache. On ne lui refusait
pas l'argent de poche : on oubliait de lui en donner ;
elle usa sa garde-robe jusqu'à la trame sans que mon
grand-père s'avisât de la renouveler. A peine tolé-
rait-on qu'elle sortît seule. Lorsque ses anciennes
amies, mariées pour la plupart, l'invitaient à dîner, il
fallait solliciter la permission longtemps à l'avance et
promettre qu'on la ramènerait avant dix heures. Au
milieu du repas, le maître de maison se levait de table
pour la reconduire en voiture. Pendant ce temps, en
chemise de nuit, mon grand-père arpentait sa chambre à coucher, montre en main. Sur le dernier coup
de dix heures, il tonnait. Les invitations se firent plus
rares et ma mère se dégoûta de plaisirs si coûteux.

   La mort de Jean-Baptiste fut la grande affaire de
ma vie : elle rendit ma mère à ses chaînes et me
donna la liberté.

   Il n'y a pas de bon père, c'est la règle ; qu'on n'en
tienne pas grief aux hommes mais au lien de paternité
qui est pourri. Faire des enfants, rien de mieux ; en
avoir, quelle iniquité ! Eût-il vécu, mon père se fût
couché sur moi de tout son long et m'eût écrasé. Par
chance, il est mort en bas âge ; au milieu des Énées
qui portent sur le dos leurs Anchises, je passe d'une
rive à l'autre, seul et détestant ces géniteurs invisibles
à cheval sur leurs fils pour toute la vie ; j'ai laissé
derrière moi un jeune mort qui n'eut pas le temps
d'être mon père et qui pourrait être, aujourd'hui,

mon fils. Fut-ce un mal ou un bien ? Je ne sais ; mais je souscris volontiers au verdict d'un éminent psychanalyste : je n'ai pas de Sur-moi. ✓

Ce n'est pas tout de mourir : il faut mourir à temps. Plus tard, je me fusse senti coupable ; un orphelin conscient se donne tort : offusqués par sa vue, ses parents se sont retirés dans leurs appartements du ciel. Moi, j'étais ravi : ma triste condition imposait le respect, fondait mon importance ; je comptais mon deuil au nombre de mes vertus. Mon père avait eu la galanterie de mourir à ses torts : ma grand-mère répétait qu'il s'était dérobé à ses devoirs ; mon grand-père, justement fier de la longévité Schweitzer, n'admettait pas qu'on disparût à trente ans ; à la lumière de ce décès suspect, il en vint à douter que son gendre eût jamais existé et, pour finir, il l'oublia. Je n'eus même pas à l'oublier : en filant à l'anglaise, Jean-Baptiste m'avait refusé le plaisir de faire sa connaissance. Aujourd'hui encore, je m'étonne du peu que je sais sur lui. Il a aimé, pourtant, il a voulu vivre, il s'est vu mourir ; cela suffit pour faire tout un homme. Mais de cet homme-là, personne, dans ma famille, n'a su me rendre curieux. Pendant plusieurs années, j'ai pu voir, au-dessus de mon lit, le portrait d'un petit officier aux yeux candides, au crâne rond et dégarni, avec de fortes moustaches : quand ma mère s'est remariée, le portrait a disparu. Plus tard, j'ai hérité de livres qui lui avaient appartenu : un ouvrage de Le Dantec sur l'avenir de la science, un autre de Weber, intitulé : *Vers le positivisme par l'idéalisme absolu*. Il avait de mauvaises lectures comme tous ses contemporains. Dans les marges, j'ai découvert des griffonnages indéchiffrables, signes morts d'une petite illumination qui fut vivante et dansante aux environs de ma naissance. J'ai vendu les livres : ce défunt me concernait si peu. Je le connais par ouï-dire, comme le Masque de Fer ou le chevalier d'Éon et ce que je sais de lui ne se rapporte jamais à moi : s'il m'a aimé, s'il m'a pris dans ses bras, s'il a tourné vers son fils ses yeux clairs, aujourd'hui mangés, personne n'en a gardé mémoire : ce sont des peines d'amour perdues. Ce père n'est pas même une ombre, pas même un regard : nous avons pesé quelque temps, lui et moi, sur la même terre, voilà tout. Plutôt que le fils d'un mort, on m'a fait entendre que j'étais l'enfant du miracle. De là vient, sans aucun doute, mon incroyable légèreté. Je ne suis pas un chef, ni n'aspire à le devenir. Commander, obéir, c'est tout un. Le plus autoritaire commande au nom d'un autre, d'un parasite sacré — son père —, transmet les abstraites violences qu'il subit. De ma vie je n'ai donné d'ordre sans rire, sans faire rire ; c'est que je ne suis pas rongé par le chancre du pouvoir : on ne m'a pas appris l'obéissance.

A qui obéirais-je ? On me montre une jeune géante, on me dit que c'est ma mère. De moi-même, je la prendrais plutôt pour une sœur aînée. Cette vierge en résidence surveillée, soumise à tous, je vois bien qu'elle est là pour me servir. Je l'aime : mais comment la respecterais-je, si personne ne la respecte ? Il y a trois chambres dans notre maison : celle de mon grand-père, celle de ma grand-mère, celle des « enfants ». Les « enfants », c'est nous : pareillement mineurs et pareillement entretenus. Mais tous les égards sont pour moi. Dans *ma* chambre, on a mis un lit de jeune fille. La jeune fille dort seule et s'éveille chastement ; je dors encore quand elle court prendre son « tub » à la salle de bains ; elle revient

entièrement vêtue : comment serais-je né d'elle ?
Elle me raconte ses malheurs et je l'écoute avec
compassion : plus tard je l'épouserai pour la protéger. Je le lui promets : j'étendrai ma main sur elle, je
mettrai ma jeune importance à son service. Pense-
t-on que je vais lui obéir ? J'ai la bonté de céder à ses
prières. Elle ne me donne pas d'ordres d'ailleurs :
elle esquisse en mots légers un avenir qu'elle me loue
de bien vouloir réaliser : « Mon petit chéri sera bien
mignon, bien raisonnable, il va se laisser mettre des
gouttes dans le nez bien gentiment. » Je me laisse
prendre au piège de ces prophéties douillettes.

Restait le patriarche : il ressemblait tant à Dieu le
Père qu'on le prenait souvent pour lui. Un jour, il
entra dans une église par la sacristie ; le curé mena-
çait les tièdes des foudres célestes : « Dieu est là ! Il
vous voit ! » Tout à coup les fidèles découvrirent,
sous la chaire, un grand vieillard barbu qui les
regardait : ils s'enfuirent. D'autres fois, mon grand-
père disait qu'ils s'étaient jetés à ses genoux. Il prit
goût aux apparitions. Au mois de septembre 1914, il
se manifesta dans un cinéma d'Arcachon : nous
étions au balcon, ma mère et moi, quand il réclama la
lumière ; d'autres messieurs faisaient autour de lui les
anges et criaient : « Victoire ! Victoire ! » Dieu
monta sur la scène et lut le communiqué de la Marne.
Du temps que sa barbe était noire, il avait été
Jéhovah et je soupçonne qu'Émile est mort de lui,
indirectement. Ce Dieu de colère se gorgeait du sang
de ses fils. Mais j'apparaissais au terme de sa longue
vie, sa barbe avait blanchi, le tabac l'avait jaunie et la
paternité ne l'amusait plus. M'eût-il engendré,
cependant, je crois bien qu'il n'eût pu s'empêcher de
m'asservir : par habitude. Ma chance fut d'apparte-

nir à un mort : un mort avait versé les quelques
gouttes de sperme qui font le prix ordinaire d'un
enfant ; j'étais un fief du soleil, mon grand-père
pouvait jouir de moi sans me posséder : je fus sa
« merveille » parce qu'il souhaitait finir ses jours en
vieillard émerveillé ; il prit le parti de me considérer
comme une faveur singulière du destin, comme un
don gratuit et toujours révocable ; qu'eût-il exigé de
moi ? Je le comblais par ma seule présence. Il fut le
Dieu d'Amour avec la barbe du Père et le Sacré-
Cœur du Fils ; il me faisait l'imposition des mains, je
sentais sur mon crâne la chaleur de sa paume, il
m'appelait son tout-petit d'une voix qui chevrotait de
tendresse, les larmes embuaient ses yeux froids. Tout
le monde se récriait : « Ce garnement l'a rendu
fou ! » Il m'adorait, c'était manifeste. M'aimait-il ?
Dans une passion si publique, j'ai peine à distinguer
la sincérité de l'artifice : je ne crois pas qu'il ait
témoigné beaucoup d'affection à ses autres petits-
fils ; il est vrai qu'il ne les voyait guère et qu'ils
n'avaient aucun besoin de lui. Moi, je dépendais de
lui pour tout : il adorait en moi sa générosité.

A la vérité, il forçait un peu sur le sublime : c'était
un homme du XIXe siècle qui se prenait, comme tant
d'autres, comme Victor Hugo lui-même, pour Victor
Hugo. Je tiens ce bel homme à barbe de fleuve,
toujours entre deux coups de théâtre, comme l'alcoolique entre deux vins, pour la victime de deux
techniques récemment découvertes : l'art du photographe et l'art d'être grand-père. Il avait la chance et
le malheur d'être photogénique ; ses photos rempli-
saient la maison : comme on ne pratiquait pas
l'instantané, il y avait gagné le goût des poses et des
tableaux vivants ; tout lui était prétexte à suspendre

ses gestes, à se figer dans une belle attitude, à se pétrifier ; il raffolait de ces courts instants d'éternité où il devenait sa propre statue. Je n'ai gardé de lui — en raison de son goût pour les tableaux vivants — que des images raides de lanterne magique : un sous-bois, je suis assis sur un tronc d'arbre, j'ai cinq ans : Charles Schweitzer porte un panama, un costume de flanelle crème à rayures noires, un gilet de piqué blanc, barré par une chaîne de montre ; son pince-nez pend au bout d'un cordon ; il s'incline sur moi, lève un doigt bagué d'or, parle. Tout est sombre, tout est humide, sauf sa barbe solaire : il porte son auréole autour du menton. Je ne sais ce qu'il dit : j'étais trop soucieux d'écouter pour entendre. Je suppose que ce vieux républicain d'Empire m'apprenait mes devoirs civiques et me racontait l'histoire bourgeoise ; il y avait eu des rois, des empereurs, ils étaient très méchants ; on les avait chassés, tout allait pour le mieux. Le soir, quand nous allions l'attendre sur la route, nous le reconnaissions bientôt, dans la foule des voyageurs qui sortaient du funiculaire, à sa haute taille, à sa démarche de maître de menuet. Du plus loin qu'il nous voyait, il se « plaçait », pour obéir aux injonctions d'un photographe invisible : la barbe au vent, le corps droit, les pieds en équerre, la poitrine bombée, les bras largement ouverts. A ce signal je m'immobilisais, je me penchais en avant, j'étais le coureur qui prend le départ, le petit oiseau qui va sortir de l'appareil ; nous restions quelques instants face à face, un joli groupe de Saxe, puis je m'élançais, chargé de fruits et de fleurs, du bonheur de mon grand-père, j'allais buter contre ses genoux avec un essoufflement feint, il m'enlevait de terre, me portait aux nues, à bout de bras, me rabattait sur son cœur en murmurant : « Mon trésor ! » C'était la deuxième figure, très remarquée des passants. Nous jouions une ample comédie aux cent sketches divers : le flirt, les malentendus vite dissipés, les taquineries débonnaires et les gronderies gentilles, le dépit amoureux, les cachotteries tendres et la passion ; nous imaginions des traverses à notre amour pour nous donner la joie de les écarter : j'étais impérieux parfois mais les caprices ne pouvaient masquer ma sensibilité exquise ; il montrait la vanité sublime et candide qui convient aux grands-pères, l'aveuglement, les coupables faiblesses que recommande Hugo. Si l'on m'eût mis au pain sec, il m'eût porté des confitures ; mais les deux femmes terrorisées se gardaient bien de m'y mettre. Et puis j'étais un enfant sage : je trouvais mon rôle si seyant que je n'en sortais pas. En vérité, la prompte retraite de mon père m'avait gratifié d'un « Œdipe » fort incomplet : pas de Sur-moi, d'accord, mais point d'agressivité non plus. Ma mère était à moi, personne ne m'en contestait la tranquille possession : j'ignorais la violence et la haine, on m'épargna ce dur apprentissage, la jalousie ; faute de m'être heurté à ses angles, je ne connus d'abord la réalité que par sa rieuse inconsistance. Contre qui, contre quoi me serais-je révolté : jamais le caprice d'un autre ne s'était prétendu ma loi.

Je permets gentiment qu'on me mette mes souliers, des gouttes dans le nez, qu'on me brosse et qu'on me lave, qu'on m'habille et qu'on me déshabille, qu'on me bichonne et qu'on me bouchonne ; je ne connais rien de plus amusant que de jouer à être sage. Je ne pleure jamais, je ne ris guère, je ne fais pas de bruit ; à quatre ans, l'on m'a pris à saler la confiture : par amour de la science, je suppose, plus

que par malignité ; en tout cas, c'est le seul forfait
dont j'aie gardé mémoire. Le dimanche, ces dames
vont parfois à la messe, pour entendre de bonne
musique, un organiste en renom ; ni l'une ni l'autre
ne pratiquent mais la foi des autres les dispose à
l'extase musicale ; elles croient en Dieu le temps de
goûter une toccata. Ces moments de haute spiritualité font mes délices : tout le monde a l'air de dormir,
c'est le cas de montrer ce que je sais faire : à genoux
sur le prie-Dieu, je me change en statue ; il ne faut
pas même remuer l'orteil ; je regarde droit devant
moi, sans ciller, jusqu'à ce que les larmes roulent sur
mes joues ; naturellement, je livre un combat de titan
contre les fourmis, mais je suis sûr de vaincre, si
conscient de ma force que je n'hésite pas à susciter en
moi les tentations les plus criminelles pour me
donner le plaisir de les repousser : si je me levais en
criant « Badaboum ! » ? Si je grimpais à la colonne
pour faire pipi dans le bénitier ? Ces terribles évoca-
tions donneront plus de prix, tout à l'heure, aux
félicitations de ma mère. Mais je me mens ; je feins
d'être en péril pour accroître ma gloire : pas un
instant les tentations ne furent vertigineuses ; je
crains bien trop le scandale ; si je veux étonner, c'est
par mes vertus. Ces faciles victoires me persuadent
que je possède un bon naturel ; je n'ai qu'à m'y
laisser aller pour qu'on m'accable de louanges. Les
mauvais désirs et les mauvaises pensées, quand il y en
a, viennent du dehors ; à peine en moi, elles languis-
sent et s'étiolent : je suis un mauvais terrain pour le
mal. Vertueux par comédie, jamais je ne m'efforce ni
ne me contrains : j'invente. J'ai la liberté princière de
l'acteur qui tient son public en haleine et raffine sur
son rôle. On m'adore, donc je suis adorable. Quoi de

plus simple, puisque le monde est bien fait ? On me
dit que je suis beau et je le crois. Depuis quelque
temps, je porte sur l'œil droit la taie qui me rendra
borgne et louche mais rien n'y paraît encore. On tire
de moi cent photos que ma mère retouche avec des
crayons de couleur. Sur l'une d'elles, qui est restée,
je suis rose et blond, avec des boucles, j'ai la joue
ronde et, dans le regard, une déférence affable pour
l'ordre établi ; la bouche est gonflée par une hypo-
crite arrogance : je sais ce que je vaux.

Ce n'est pas assez que mon naturel soit bon ; il faut
qu'il soit prophétique : la vérité sort de la bouche des
enfants. Tout proches encore de la nature, ils sont les
cousins du vent et de la mer : leurs balbutiements
offrent à qui sait les entendre des enseignements
larges et vagues. Mon grand-père avait traversé le lac
de Genève avec Henri Bergson : « J'étais fou
d'enthousiasme, disait-il, je n'avais pas assez d'yeux
pour contempler les crêtes étincelantes, pour suivre
les miroitements de l'eau. Mais Bergson, assis sur
une valise, n'a pas cessé de regarder entre ses
pieds. » Il concluait de cet incident de voyage que la
méditation poétique est préférable à la philosophie.
Il médita sur moi : au jardin, assis dans un transatlan-
tique, un verre de bière à portée de la main, il me
regardait courir et sauter, il cherchait une sagesse
dans mes propos confus, il l'y trouvait. J'ai ri plus
tard de cette folie ; je le regrette : c'était le travail de
la mort. Charles combattait l'angoisse par l'extase. Il
admirait en moi l'œuvre admirable de la terre pour se
persuader que tout est bon, même notre fin miteuse.
Cette nature qui se préparait à le reprendre, il allait
la chercher sur les cimes, dans les vagues, au milieu
des étoiles, à la source de ma jeune vie, pour pouvoir

l'embrasser tout entière et tout en accepter, jusqu'à la fosse qui s'y creusait pour lui. Ce n'était pas la Vérité, c'était *sa* mort qui lui parlait par ma bouche. Rien d'étonnant si le fade bonheur de mes premières années a eu parfois un goût funèbre : je devais ma liberté à un trépas opportun, mon importance à un décès très attendu. Mais quoi : toutes les pythies sont des mortes, chacun sait cela ; tous les enfants sont des miroirs de mort.

Et puis mon grand-père se plaît à emmerder ses fils. Ce père terrible a passé sa vie à les écraser ; ils entrent sur la pointe des pieds et le surprennent aux genoux d'un môme : de quoi leur crever le cœur ! Dans la lutte des générations, enfants et vieillards font souvent cause commune : les uns rendent les oracles, les autres les déchiffrent. La Nature parle et l'expérience traduit : les adultes n'ont plus qu'à la boucler. A défaut d'enfant, qu'on prenne un caniche : au cimetière des chiens, l'an dernier, dans le discours tremblant qui se poursuit de tombe en tombe, j'ai reconnu les maximes de mon grand-père : les chiens savent aimer ; ils sont plus tendres que les hommes, plus fidèles ; ils ont du tact, un instinct sans défaut qui leur permet de reconnaître le Bien, de distinguer les bons des méchants. « Polonius, disait une inconsolée, tu es meilleur que je ne suis : tu ne m'aurais pas survécu ; je te survis. » Un ami américain m'accompagnait : outré, il donna un coup de pied à un chien de ciment et lui cassa l'oreille. Il avait raison : quand on aime *trop* les enfants et les bêtes, on les aime contre les hommes.

Donc, je suis un caniche d'avenir ; je prophétise. J'ai des mots d'enfant, on les retient, on me les répète : j'apprends à en faire d'autres. J'ai des mots

d'homme : je sais tenir, sans y toucher, des propos
« au-dessus de mon âge ». Ces propos sont des
poèmes ; la recette est simple : il faut se fier au
Diable, au hasard, au vide, emprunter des phrases
entières aux adultes, les mettre bout à bout et les
répéter sans les comprendre. Bref, je rends de vrais
oracles et chacun les entend comme il veut. Le Bien
naît au plus profond de mon cœur, le Vrai dans les
jeunes ténèbres de mon Entendement. Je m'admire
de confiance : il se trouve que mes gestes et mes
paroles ont une qualité qui m'échappe et qui saute
aux yeux des grandes personnes ; qu'à cela ne tienne !
je leur offrirai sans défaillance le plaisir délicat qui
m'est refusé. Mes bouffonneries prennent les dehors
de la générosité : de pauvres gens se désolaient de
n'avoir pas d'enfant ; attendri, je me suis tiré du
néant dans un emportement d'altruisme et j'ai revêtu
le déguisement de l'enfance pour leur donner l'illusion d'avoir un fils. Ma mère et ma grand-mère
m'invitent souvent à répéter l'acte d'éminente bonté
qui m'a donné le jour : elles flattent les manies de
Charles Schweitzer, son goût pour les coups de
théâtre, elles lui ménagent des surprises. On me
cache derrière un meuble, je retiens mon souffle, les
femmes quittent la pièce ou feignent de m'oublier, je
m'anéantis ; mon grand-père entre dans la pièce, las
et morne, tel qu'il serait si je n'existais pas ; tout d'un
coup, je sors de ma cachette, je lui fais la grâce de
naître, il m'aperçoit, entre dans le jeu, change de
visage et jette les bras au ciel : je le comble de ma
présence. En un mot, je me donne ; je me donne
toujours et partout, je donne tout : il suffit que je
pousse une porte pour avoir, moi aussi, le sentiment
de faire une apparition. Je pose mes cubes les uns sur

les autres, je démoule mes pâtés de sable, j'appelle à grands cris ; quelqu'un vient qui s'exclame ; j'ai fait un heureux de plus. Le repas, le sommeil et les précautions contre les intempéries forment les fêtes principales et les principales obligations d'une vie toute cérémonieuse. Je mange en public, comme un roi : si je mange *bien,* on me félicite ; ma grand-mère, elle-même, s'écrie : « Qu'il est sage d'avoir faim ! »

Je ne cesse de me créer ; je suis le donateur et la donation. Si mon père vivait, je connaîtrais mes droits et mes devoirs ; il est mort et je les ignore : je n'ai pas de droit puisque l'amour me comble : je n'ai pas de devoir puisque je donne par amour. Un seul mandat : plaire ; tout pour la montre. Dans notre famille, quelle débauche de générosité : mon grand-père me fait vivre et moi je fais son bonheur ; ma mère se dévoue à tous. Quand j'y pense, aujourd'hui, ce dévouement seul me semble vrai ; mais nous avions tendance à le passer sous silence. N'importe : notre vie n'est qu'une suite de cérémonies et nous consumons notre temps à nous accabler d'hommages. Je respecte les adultes à condition qu'ils m'idolâtrent ; je suis franc, ouvert, doux comme une fille. Je pense bien, je fais confiance aux gens : tout le monde est bon puisque tout le monde est content. Je tiens la société pour une rigoureuse hiérarchie de mérites et de pouvoirs. Ceux qui occupent le sommet de l'échelle donnent tout ce qu'ils possèdent à ceux qui sont au-dessous d'eux. Je n'ai garde, pourtant, de me placer sur le plus haut échelon : je n'ignore pas qu'on le réserve à des personnes sévères et bien intentionnées qui font régner l'ordre. Je me tiens sur un petit perchoir marginal, non loin d'eux, et mon rayonnement s'étend du haut en bas de l'échelle.

Bref, je mets tous mes soins à m'écarter de la puissance séculière : ni au-dessous, ni au-dessus, ailleurs. Petit-fils de clerc, je suis, dès l'enfance, un clerc ; j'ai l'onction des princes d'Église, un enjouement sacerdotal. Je traite les inférieurs en égaux : c'est un pieux mensonge que je leur fais pour les rendre heureux et dont il convient qu'ils soient dupes jusqu'à un certain point. A ma bonne, au facteur, à ma chienne, je parle d'une voix patiente et tempérée. Dans ce monde en ordre il y a des pauvres. Il y a aussi des moutons à cinq pattes, des sœurs siamoises, des accidents de chemin de fer : ces anomalies ne sont la faute de personne. Les bons pauvres ne savent pas que leur office est d'exercer notre générosité ; ce sont des pauvres honteux, ils rasent les murs ; je m'élance, je leur glisse dans la main une pièce de deux sous et, surtout, je leur fais cadeau d'un beau sourire égalitaire. Je trouve qu'ils ont l'air bête et je n'aime pas les toucher mais je m'y force : c'est une épreuve ; et puis il faut qu'ils m'aiment : cet amour embellira leur vie. Je sais qu'ils manquent du nécessaire et il me plaît d'être leur superflu. D'ailleurs, quelle que soit leur misère, ils ne souffriront jamais autant que mon grand-père : quand il était petit, il se levait avant l'aube et s'habillait dans le noir ; l'hiver, pour se laver, il fallait briser la glace dans le pot à eau. Heureusement, les choses se sont arrangées depuis : mon grand-père croit au Progrès, moi aussi : le Progrès, ce long chemin ardu qui mène jusqu'à moi.

C'était le Paradis. Chaque matin, je m'éveillais dans une stupeur de joie, admirant la chance folle qui m'avait fait naître dans la famille la plus unie, dans le plus beau pays du monde. Les mécontents me

scandalisaient : de quoi pouvaient-ils se plaindre ?
C'étaient des mutins. Ma grand-mère, en particulier,
me donnait les plus vives inquiétudes : j'avais la
douleur de constater qu'elle ne m'admirait pas assez.
De fait, Louise m'avait percé à jour. Elle blâmait
ouvertement en moi le cabotinage qu'elle n'osait
reprocher à son mari : j'étais un polichinelle, un
pasquin, un grimacier, elle m'ordonnait de cesser
mes « simagrées ». J'étais d'autant plus indigné que
je la soupçonnais de se moquer aussi de mon grand-
père : c'était « l'Esprit qui toujours nie ». Je lui
répondais, elle exigeait des excuses ; sûr d'être soutenu, je refusais d'en faire. Mon grand-père saisissait
au bond l'occasion de montrer sa faiblesse : il prenait
mon parti contre sa femme qui se levait, outragée,
pour aller s'enfermer dans sa chambre. Inquiète,
craignant les rancunes de ma grand-mère, ma mère
parlait bas, donnait humblement tort à son père qui
haussait les épaules et se retirait dans son cabinet de
travail ; elle me suppliait enfin d'aller demander mon
pardon. Je jouissais de mon pouvoir : j'étais saint
Michel et j'avais terrassé l'Esprit malin. Pour finir,
j'allais m'excuser négligemment. A part cela, bien
entendu, je l'adorais : *puisque* c'était ma grand-
mère. On m'avait suggéré de l'appeler Mamie,
d'appeler le chef de famille par son prénom alsacien,
Karl. Karl et Mamie, ça sonnait mieux que Roméo et
Juliette, que Philémon et Baucis. Ma mère me
répétait cent fois par jour non sans intention :
« Karlémami nous attendent ; Karlémami seront
contents, Karlémami... » évoquant par l'intime
union de ces quatre syllabes l'accord parfait des
personnes. Je n'étais qu'à moitié dupe, je m'arrangeais pour le paraître entièrement : d'abord à mes

propres yeux. Le mot jetait son ombre sur la chose ; à travers Karlémami je pouvais maintenir l'unité sans faille de la famille et reverser sur la tête de Louise une bonne partie des mérites de Charles. Suspecte et peccamineuse, ma grand-mère, toujours au bord de faillir, était retenue par le bras des anges, par le pouvoir d'un mot.

Il y a de vrais méchants : les Prussiens, qui nous ont pris l'Alsace-Lorraine et toutes nos horloges, sauf la pendule de marbre noir qui orne la cheminée de mon grand-père et qui lui fut offerte, justement, par un groupe d'élèves allemands ; on se demande où ils l'ont volée. On m'achète les livres de Hansi, on m'en fait voir les images : je n'éprouve aucune antipathie pour ces gros hommes en sucre rose qui ressemblent si fort à mes oncles alsaciens. Mon grand-père, qui a choisi la France en 71, va de temps en temps à Gunsbach, à Pfaffenhofen, rendre visite à ceux qui sont restés. On m'emmène. Dans les trains, quand un contrôleur allemand lui demande ses billets, dans les cafés quand un garçon tarde à prendre la commande, Charles Schweitzer s'empourpre de colère patriotique ; les deux femmes se cramponnent à ses bras : « Charles ! Y songes-tu ? Ils nous expulseront et tu seras bien avancé ! » Mon grand-père hausse le ton : « Je voudrais bien voir qu'ils m'expulsent : je suis chez moi ! » On me pousse dans ses jambes, je le regarde d'un air suppliant, il se calme : « C'est bien pour le petit », soupire-t-il en me rabotant la tête de ses doigts secs. Ces scènes m'indisposent contre lui sans m'indigner contre les occupants. Du reste, Charles ne manque pas, à Gunsbach, de s'emporter contre sa belle-sœur ; plusieurs fois par semaine, il jette sa serviette sur la

table et quitte la salle à manger en claquant la porte :
pourtant, ce n'est pas une Allemande. Après le repas
nous allons gémir et sangloter à ses pieds, il nous
oppose un front d'airain. Comment ne pas souscrire
au jugement de ma grand-mère : « L'Alsace ne lui
vaut rien ; il ne devrait pas y retourner si souvent » ?
D'ailleurs, je n'aime pas tant les Alsaciens qui me
traitent sans respect, et je ne suis pas si fâché qu'on
nous les ait pris. Il paraît que je vais trop souvent
chez l'épicier de Pfaffenhofen, M. Blumenfeld, que
je le dérange pour un rien. Ma tante Caroline a « fait
des réflexions » à ma mère ; on me les communique ;
pour une fois, Louise et moi nous sommes com-
plices : elle déteste la famille de son mari. A Stras-
bourg, d'une chambre d'hôtel où nous sommes
réunis, j'entends des sons grêles et lunaires, je cours
à la fenêtre ; l'armée ! Je suis tout heureux de voir
défiler la Prusse au son de cette musique puérile, je
bats des mains. Mon grand-père est resté sur sa
chaise, il grommelle ; ma mère vient me souffler à
l'oreille qu'il faut quitter la fenêtre. J'obéis en
boudant un peu. Je déteste les Allemands, parbleu,
mais sans conviction. Du reste, Charles ne peut se
permettre qu'une pointe délicate de chauvinisme : en
1911 nous avons quitté Meudon pour nous installer à
Paris, 1 rue Le Goff ; il a dû prendre sa retraite et
vient de fonder, pour nous faire vivre, l'Institut des
Langues Vivantes : on y enseigne le français aux
étrangers de passage. Par la méthode directe. Les
élèves, pour la plupart, viennent d'Allemagne. Ils
paient bien : mon grand-père met les louis d'or sans
jamais les compter dans la poche de son veston ; ma
grand-mère, insomniaque, se glisse, la nuit, dans le
vestibule pour prélever sa dîme « en catimini »,

comme elle dit elle-même à sa fille : en un mot,
l'ennemi nous entretient ; une guerre franco-alle-
mande nous rendrait l'Alsace et ruinerait l'Institut :
Charles est pour le maintien de la Paix. Et puis il y a
de bons Allemands, qui viennent déjeuner chez
nous : une romancière rougeaude et velue que
Louise appelle avec un petit rire jaloux : « La
Dulcinée de Charles », un docteur chauve qui pousse
ma mère contre les portes et tente de l'embrasser ;
quand elle s'en plaint timidement, mon grand-père
éclate : « Vous me brouillez avec tout le monde ! » Il
hausse les épaules, conclut : « Tu as eu des visions,
ma fille », et c'est elle qui se sent coupable. Tous ces
invités comprennent qu'il faut s'extasier sur mes
mérites, ils me tripotent docilement : c'est donc
qu'ils possèdent, en dépit de leurs origines, une
obscure notion du Bien. A la fête anniversaire de la
fondation de l'Institut, il y a plus de cent invités, de la
tisane de champagne, ma mère et Mlle Moutet jouent
du Bach à quatre mains : en robe de mousseline
bleue, avec des étoiles dans les cheveux, des ailes, je
vais de l'un à l'autre, offrant des mandarines dans
une corbeille, on se récrie : « C'est *réellement* un
ange ! » Allons, ce ne sont pas de si mauvaises gens.
Bien entendu, nous n'avons pas renoncé à venger
l'Alsace martyre : en famille, à voix basse, comme
font les cousins de Gunsbach et de Pfaffenhofen,
nous tuons les Boches par le ridicule ; on rit cent fois
de suite, sans se lasser, de cette étudiante qui vient
d'écrire dans un thème français : « Charlotte était
percluse de douleurs sur la tombe de Werther », de
ce jeune professeur qui, au cours d'un dîner, a
considéré sa tranche de melon avec défiance et fini
par la manger tout entière y compris les pépins et

l'écorce. Ces bévues m'inclinent à l'indulgence : les Allemands sont des êtres inférieurs qui ont la chance d'être nos voisins ; nous leur donnerons nos lumières.

Un baiser sans moustache, disait-on alors, c'est comme un œuf sans sel ; j'ajoute : et comme le Bien sans Mal, comme ma vie entre 1905 et 1914. Si l'on ne se définit qu'en s'opposant, j'étais l'indéfini en chair et en os ; si l'amour et la haine sont l'avers et le revers de la même médaille, je n'aimais rien ni personne. C'était bien fait : on ne peut pas demander à la fois de haïr et de plaire. Ni de plaire et d'aimer.

Suis-je donc un Narcisse ? Pas même : trop soucieux de séduire, je m'oublie. Après tout, ça ne m'amuse pas tant de faire des pâtés, des gribouillages, mes besoins naturels : pour leur donner du prix à mes yeux, il faut qu'au moins une grande personne s'extasie sur mes produits. Heureusement, les applaudissements ne manquent pas : qu'ils écoutent mon babillage ou l'*Art de la Fugue,* les adultes ont le même sourire de dégustation malicieuse et de connivence ; cela montre ce que je suis au fond : un bien culturel. La culture m'imprègne et je la rends à la famille par rayonnement, comme les étangs, au soir, rendent la chaleur du jour.

J'ai commencé ma vie comme je la finirai sans doute : au milieu des livres. Dans le bureau de mon grand-père, il y en avait partout ; défense était faite de les épousseter sauf une fois l'an, avant la rentrée d'octobre. Je ne savais pas encore lire que, déjà, je les révérais, ces pierres levées ; droites ou penchées, serrées comme des briques sur les rayons de la

bibliothèque ou noblement espacées en allées de
menhirs, je sentais que la prospérité de notre famille
en dépendait. Elles se ressemblaient toutes, je
m'ébattais dans un minuscule sanctuaire, entouré de
monuments trapus, antiques qui m'avaient vu naître,
qui me verraient mourir et dont la permanence me
garantissait un avenir aussi calme que le passé. Je les
touchais en cachette pour honorer mes mains de leur
poussière mais je ne savais trop qu'en faire et
j'assistais chaque jour à des cérémonies dont le sens
m'échappait : mon grand-père — si maladroit, d'habitude, que ma mère lui boutonnait ses gants —
maniait ces objets culturels avec une dextérité d'offi-
ciant. Je l'ai vu mille fois se lever d'un air absent,
faire le tour de sa table, traverser la pièce en deux
enjambées, prendre un volume sans hésiter, sans se
donner le temps de choisir, le feuilleter en regagnant
son fauteuil, par un mouvement combiné du pouce et
de l'index puis, à peine assis, l'ouvrir d'un coup sec
« à la bonne page » en le faisant craquer comme un
soulier. Quelquefois je m'approchais pour observer
ces boîtes qui se fendaient comme des huîtres et je
découvrais la nudité de leurs organes intérieurs, des
feuilles blêmes et moisies, légèrement boursouflées,
couvertes de veinules noires, qui buvaient l'encre et
sentaient le champignon.

Dans la chambre de ma grand-mère les livres
étaient couchés ; elle les empruntait à un cabinet de
lecture et je n'en ai jamais vu plus de deux à la fois.
Ces colifichets me faisaient penser à des confiseries
de Nouvel An parce que leurs feuillets souples et
miroitants semblaient découpés dans du papier glacé.
Vifs, blancs, presque neufs, ils servaient de prétexte
à des mystères légers. Chaque vendredi, ma grand-

mère s'habillait pour sortir et disait : « Je vais *les* rendre » ; au retour, après avoir ôté son chapeau noir et sa voilette, elle *les* tirait de son manchon et je me demandais, mystifié : « Sont-ce les mêmes ? » Elle les « couvrait » soigneusement puis, après avoir choisi l'un d'eux, s'installait près de la fenêtre, dans sa bergère à oreillettes, chaussait ses besicles, soupirait de bonheur et de lassitude, baissait les paupières avec un fin sourire voluptueux que j'ai retrouvé depuis sur les lèvres de la Joconde ; ma mère se taisait, m'invitait à me taire, je pensais à la messe, à la mort, au sommeil : je m'emplissais d'un silence sacré. De temps en temps, Louise avait un petit rire ; elle appelait sa fille, pointait du doigt sur une ligne et les deux femmes échangeaient un regard complice. Pourtant, je n'aimais pas ces brochures trop distinguées ; c'étaient des intruses et mon grand-père ne cachait pas qu'elles faisaient l'objet d'un culte mineur, exclusivement féminin. Le dimanche, il entrait par désœuvrement dans la chambre de sa femme et se plantait devant elle sans rien trouver à lui dire ; tout le monde le regardait, il tambourinait contre la vitre puis, à bout d'invention, se retournait vers Louise et lui ôtait des mains son roman : « Charles ! s'écriait-elle furieuse, tu vas me perdre ma page ! » Déjà, les sourcils hauts, il lisait ; brusquement son index frappait la brochure : « Comprends pas ! — Mais comment veux-tu comprendre ? disait ma grand-mère : tu lis par-dedans ! » Il finissait par jeter le livre sur la table et s'en allait en haussant les épaules.

Il avait sûrement raison puisqu'il était du métier. Je le savais : il m'avait montré, sur un rayon de la bibliothèque, de forts volumes cartonnés et recouverts de toile brune. « Ceux-là, petit, c'est le grand-père qui les a faits. » Quelle fierté ! J'étais le petit-fils d'un artisan spécialisé dans la fabrication des objets saints, aussi respectable qu'un facteur d'orgues, qu'un tailleur pour ecclésiastiques. Je le vis à l'œuvre : chaque année, on rééditait le *Deutsches Lese-buch*. Aux vacances, toute la famille attendait les épreuves impatiemment : Charles ne supportait pas l'inaction, il se fâchait pour passer le temps. Le facteur apportait enfin de gros paquets mous, on coupait les ficelles avec des ciseaux ; mon grand-père dépliait les placards, les étalait sur la table de la salle à manger et les sabrait de traits rouges ; à chaque faute d'impression il jurait le nom de Dieu entre ses dents mais il ne criait plus sauf quand la bonne prétendait mettre le couvert. Tout le monde était content. Debout sur une chaise, je contemplais dans l'extase ces lignes noires, striées de sang. Charles Schweitzer m'apprit qu'il avait un ennemi mortel, son Éditeur. Mon grand-père n'avait jamais su compter : prodigue par insouciance, généreux par ostentation, il finit par tomber, beaucoup plus tard, dans cette maladie des octogénaires, l'avarice, effet de l'impotence et de la peur de mourir. A cette époque, elle ne s'annonçait que par une étrange méfiance : quand il recevait, par mandat, le montant de ses droits d'auteur, il levait les bras au ciel en criant qu'on lui coupait la gorge ou bien il entrait chez ma grand-mère et déclarait sombrement : « Mon éditeur me vole comme dans un bois. » Je découvris, stupé-fait, l'exploitation de l'homme par l'homme. Sans cette abomination, heureusement circonscrite, le monde eût été bien fait, pourtant : les patrons donnaient selon leurs capacités aux ouvriers selon leurs mérites. Pourquoi fallait-il que les éditeurs, ces vampires, le déparassent en buvant le sang de mon pauvre grand-père ? Mon respect s'accrut pour ce saint homme dont le dévouement ne trouvait pas de récompense : je fus préparé de bonne heure à traiter le professorat comme un sacerdoce et la littérature comme une passion.

Je ne savais pas encore lire mais j'étais assez snob pour exiger d'avoir *mes* livres. Mon grand-père se rendit chez son coquin d'éditeur et se fit donner *Les Contes* du poète Maurice Bouchor, récits tirés du folklore et mis au goût de l'enfance par un homme qui avait gardé, disait-il, des yeux d'enfant. Je voulus commencer sur l'heure les cérémonies d'appropriation. Je pris les deux petits volumes, je les flairai, je les palpai, je les ouvris négligemment « à la bonne page » en les faisant craquer. En vain : je n'avais pas le sentiment de les posséder. J'essayai sans plus de succès de les traiter en poupées, de les bercer, de les embrasser, de les battre. Au bord des larmes, je finis par les poser sur les genoux de ma mère. Elle leva les yeux de son ouvrage : « Que veux-tu que je te lise, mon chéri ? Les Fées ? » Je demandais, incrédule : « Les Fées, c'est *là-dedans* ? » Cette histoire m'était familière : ma mère me la racontait souvent, quand elle me débarbouillait, en s'interrompant pour me frictionner à l'eau de Cologne, pour ramasser, sous la baignoire, le savon qui lui avait glissé des mains et j'écoutais distraitement le récit trop connu ; je n'avais d'yeux que pour Anne-Marie, cette jeune fille de tous mes matins ; je n'avais d'oreilles que pour sa voix troublée par la servitude ; je me plaisais à ses phrases inachevées, à ses mots toujours en retard, à sa brusque assurance, vivement défaite et qui se tour-

nait en déroute pour disparaître dans un effiloche-
ment mélodieux et se recomposer après un silence.
L'histoire, ça venait par-dessus le marché : c'était le
lien de ses soliloques. Tout le temps qu'elle parlait
nous étions seuls et clandestins, loin des hommes, des
dieux et des prêtres, deux biches au bois, avec ces
autres biches, les Fées ; je n'arrivais pas à croire
qu'on eût composé tout un livre pour y faire figurer
cet épisode de notre vie profane qui sentait le savon
et l'eau de Cologne.

Anne-Marie me fit asseoir en face d'elle, sur ma
petite chaise ; elle se pencha, baissa les paupières,
s'endormit. De ce visage de statue sortit une voix de
plâtre. Je perdis la tête : qui racontait ? quoi ? et à
qui ? Ma mère s'était absentée : pas un sourire, pas
un signe de connivence, j'étais en exil. Et puis je ne
reconnaissais pas son langage. Où prenait-elle cette
assurance ? Au bout d'un instant j'avais compris :
c'était le livre qui parlait. Des phrases en sortaient
qui me faisaient peur : c'étaient de vrais mille-pattes,
elles grouillaient de syllabes et de lettres, étiraient
leurs diphtongues, faisaient vibrer les doubles
consonnes ; chantantes, nasales, coupées de pauses et
de soupirs, riches en mots inconnus, elles s'enchan-
taient d'elles-mêmes et de leurs méandres sans se
soucier de moi : quelquefois elles disparaissaient
avant que j'eusse pu les comprendre, d'autres fois
j'avais compris d'avance et elles continuaient de
rouler noblement vers leur fin sans me faire grâce
d'une virgule. Assurément, ce discours ne m'était pas
destiné. Quant à l'histoire, elle s'était endimanchée :
le bûcheron, la bûcheronne et leurs filles, la fée,
toutes ces petites gens, nos semblables, avaient pris
de la majesté ; on parlait de leurs guenilles avec

magnificence, les mots déteignaient sur les choses, transformant les actions en rites et les événements en cérémonies. Quelqu'un se mit à poser des questions : l'éditeur de mon grand-père, spécialisé dans la publication d'ouvrages scolaires, ne perdait aucune occasion d'exercer la jeune intelligence de ses lecteurs. Il me sembla qu'on interrogeait un enfant : à la place du bûcheron, qu'eût-il fait ? Laquelle des deux sœurs préférait-il ? Pourquoi ? Approuvait-il le châtiment de Babette ? Mais cet enfant n'était pas tout à fait moi et j'avais peur de répondre. Je répondis pourtant, ma faible voix se perdit et je me sentis devenir un autre. Anne-Marie, aussi, c'était une autre, avec son air d'aveugle extralucide : il me semblait que j'étais l'enfant de toutes les mères, qu'elle était la mère de tous les enfants. Quand elle cessa de lire, je lui repris vivement les livres et les emportai sous mon bras sans dire merci.

A la longue je pris plaisir à ce déclic qui m'arrachait de moi-même : Maurice Bouchor se penchait sur l'enfance avec la sollicitude universelle qu'ont les chefs de rayon pour les clientes des grands magasins ; cela me flattait. Aux récits improvisés, je vins à préférer les récits préfabriqués ; je devins sensible à la succession rigoureuse des mots : à chaque lecture ils revenaient, toujours les mêmes et dans le même ordre, je les attendais. Dans les contes d'Anne-Marie, les personnages vivaient au petit bonheur, comme elle faisait elle-même : ils acquirent des destins. J'étais à la Messe : j'assistais à l'éternel retour des noms et des événements.

Je fus alors jaloux de ma mère et je résolus de lui prendre son rôle. Je m'emparai d'un ouvrage intitulé *Tribulations d'un Chinois en Chine* et je l'emportai

dans un cabinet de débarras ; là, perché sur un lit-
cage, je fis semblant de lire : je suivais des yeux les
lignes noires sans en sauter une seule et je me
racontais une histoire à voix haute, en prenant soin
de prononcer toutes les syllabes. On me surprit — ou
je me fis surprendre —, on se récria, on décida qu'il
était temps de m'enseigner l'alphabet. Je fus zélé
comme un catéchumène ; j'allais jusqu'à me donner
des leçons particulières : je grimpais sur mon lit-cage
avec *Sans famille* d'Hector Malot, que je connaissais
par cœur et, moitié récitant, moitié déchiffrant, j'en
parcourus toutes les pages l'une après l'autre : quand
la dernière fut tournée, je savais lire.

J'étais fou de joie : à moi ces voix séchées dans
leurs petits herbiers, ces voix que mon grand-père
ranimait de son regard, qu'il entendait, que je
n'entendais pas ! Je les écouterais, je m'emplirais de
discours cérémonieux, je saurais tout. On me laissa
vagabonder dans la bibliothèque et je donnai l'assaut
à la sagesse humaine. C'est ce qui m'a fait. Plus tard,
j'ai cent fois entendu les antisémites reprocher aux
juifs d'ignorer les leçons et les silences de la nature ;
je répondais : « En ce cas, je suis plus juif qu'eux. »
Les souvenirs touffus et la douce déraison des
enfances paysannes, en vain les chercherais-je en
moi. Je n'ai jamais gratté la terre ni quêté des nids, je
n'ai pas herborisé ni lancé des pierres aux oiseaux.
Mais les livres ont été mes oiseaux et mes nids, mes
bêtes domestiques, mon étable et ma campagne ; la
bibliothèque, c'était le monde pris dans un miroir ;
elle en avait l'épaisseur infinie, la variété, l'imprévisi-
bilité. Je me lançai dans d'incroyables aventures : il
fallait grimper sur les chaises, sur les tables, au risque
de provoquer des avalanches qui m'eussent enseveli.

Les ouvrages du rayon supérieur restèrent longtemps hors de ma portée ; d'autres, à peine je les avais découverts, me furent ôtés des mains : d'autres, encore, se cachaient : je les avais pris, j'en avais commencé la lecture, je croyais les avoir remis en place, il fallait une semaine pour les retrouver. Je fis d'horribles rencontres : j'ouvrais un album, je tombais sur une planche en couleurs, des insectes hideux grouillaient sous ma vue. Couché sur le tapis, j'entrepris d'arides voyages à travers Fontenelle, Aristophane, Rabelais : les phrases me résistaient à la manière des choses ; il fallait les observer, en faire le tour, feindre de m'éloigner et revenir brusquement sur elles pour les surprendre hors de leur garde : la plupart du temps, elles gardaient leur secret. J'étais La Pérouse, Magellan, Vasco de Gama ; je découvrais des indigènes étranges : « Héautontimorouménos » dans une traduction de Térence en alexandrins, « idiosyncrasie » dans un ouvrage de littérature comparée. Apocope, Chiasme, Parangon, cent autres Cafres impénétrables et distants surgissaient au détour d'une page et leur seule apparition disloquait tout le paragraphe. Ces mots durs et noirs, je n'en ai connu le sens que dix ou quinze ans plus tard et, même aujourd'hui, ils gardent leur opacité : c'est l'humus de ma mémoire.

La bibliothèque ne comprenait guère que les grands classiques de France et d'Allemagne. Il y avait des grammaires, aussi, quelques romans célèbres, les *Contes choisis* de Maupassant, des ouvrages d'art — un *Rubens,* un *Van Dyck,* un *Dürer,* un *Rembrandt* — que les élèves de mon grand-père lui avaient offerts à l'occasion d'un Nouvel An. Maigre univers. Mais le Grand Larousse me tenait lieu de tout : j'en prenais un tome au hasard, derrière le bureau, sur l'avant-dernier rayon, A-Bello, Belloc-Ch ou Ci-D, Mele-Po ou Pr-Z (ces associations de syllabes étaient devenues des noms propres qui désignaient les secteurs du savoir universel : il y avait la région Ci-D, la région Pr-Z, avec leur faune et leur flore, leurs villes, leurs grands hommes et leurs batailles) ; je le déposais péniblement sur le sous-main de mon grand-père, je l'ouvrais, j'y dénichais les vrais oiseaux, j'y faisais la chasse aux vrais papillons posés sur de vraies fleurs. Hommes et bêtes étaient là, *en personne* : les gravures, c'étaient leurs corps, le texte, c'était leur âme, leur essence singulière ; hors les murs, on rencontrait de vagues ébauches qui s'approchaient plus ou moins des archétypes sans atteindre à leur perfection : au Jardin d'Acclimatation, les singes étaient moins singes, au Jardin du Luxembourg, les hommes étaient moins hommes. Platonicien par état, j'allais du savoir à son objet ; je trouvais à l'idée plus de réalité qu'à la chose, parce qu'elle se donnait à moi d'abord et parce qu'elle se donnait comme une chose. C'est dans les livres que j'ai rencontré l'univers : assimilé, classé, étiqueté, pensé, redoutable encore ; et j'ai confondu le désordre de mes expériences livresques avec le cours hasardeux des événements réels. De là vint cet idéalisme dont j'ai mis trente ans à me défaire.

La vie quotidienne était limpide, nous fréquentions des personnes rassises qui parlaient haut et clair, fondaient leurs certitudes sur de sains principes, sur la Sagesse des Nations et ne daignaient se distinguer du commun que par un certain maniérisme de l'âme auquel j'étais parfaitement habitué. A peine émis, leurs avis me convainquaient par une évidence

cristalline et simplette ; voulaient-elles justifier leurs
conduites, elles fournissaient des raisons si
ennuyeuses qu'elles ne pouvaient manquer d'être
vraies ; leurs cas de conscience, complaisamment
exposés, me troublaient moins qu'ils ne m'édi-
fiaient : c'étaient de faux conflits résolus d'avance,
toujours les mêmes ; leurs torts, quand elles les
reconnaissaient, ne pesaient guère : la précipitation,
une irritation légitime mais sans doute exagérée
avaient altéré leur jugement ; par bonheur, elles s'en
étaient avisées à temps ; les torts des absents, plus
graves, n'étaient jamais impardonnables : on ne
médisait point, chez nous, on constatait, dans l'afflic-
tion, les défauts d'un caractère. J'écoutais, je com-
prenais, j'approuvais, je trouvais ces propos rassu-
rants et je n'avais pas tort puisqu'ils visaient à
rassurer : rien n'est sans remède et, dans le fond, rien
ne bouge, les vaines agitations de la surface ne
doivent pas nous cacher le calme mortuaire qui est
notre lot.

Nos visiteurs prenaient congé, je restais seul, je
m'évadais de ce banal cimetière, j'allais rejoindre la
vie, la folie dans les livres. Il me suffisait d'en ouvrir
un pour y redécouvrir cette pensée inhumaine,
inquiète dont les pompes et les ténèbres passaient
mon entendement, qui sautait d'une idée à l'autre, si
vite que je lâchais prise, cent fois par page, et la
laissais filer, étourdi, perdu. J'assistais à des événements que mon grand-père eût certainement jugés
invraisemblables et qui, pourtant, avaient l'éclatante
vérité des choses écrites. Les personnages surgissaient sans crier gare, s'aimaient, se brouillaient,
s'entr'égorgeaient ; le survivant se consumait de
chagrin, rejoignait dans la tombe l'ami, la tendre

maîtresse qu'il venait d'assassiner. Que fallait-il faire ? Étais-je appelé, comme les grandes personnes, à blâmer, féliciter, absoudre ? Mais ces originaux n'avaient pas du tout l'air de se guider sur nos principes et leurs motifs, même lorsqu'on les donnait, m'échappaient. Brutus tue son fils et c'est ce que fait aussi Mateo Falcone. Cette pratique paraissait donc assez commune. Autour de moi, pourtant, personne n'y avait recouru. A Meudon, mon grand-père s'était brouillé avec mon oncle Émile et je les avais entendus crier dans le jardin, il ne semblait pas, cependant, qu'il eût songé à l'abattre. Comment jugeait-il les pères infanticides ? Moi, je m'abstenais : mes jours n'étaient pas en danger puisque j'étais orphelin et ces meurtres d'apparat m'amusaient un peu, mais, dans les récits qu'on en faisait, je sentais une approbation qui me déroutait. Horace, j'étais obligé de me faire violence pour ne pas cracher sur la gravure qui le montrait casqué, l'épée nue, courant après la pauvre Camille. Karl fredonnait parfois :

> *On n' peut pas êt' plus proch' parents*
> *Que frère et sœur assurément...*

Ça me troublait : si l'on m'eût donné, par chance, une sœur, m'eût-elle été plus proche qu'Anne-Marie ? Que Karlémami ? Alors c'eût été mon amante. Amante n'était encore qu'un mot ténébreux que je rencontrais souvent dans les tragédies de Corneille. Des amants s'embrassent et se promettent de dormir dans le même lit (étrange coutume : pourquoi pas dans des lits jumeaux comme nous faisions, ma mère et moi?). Je ne savais rien de plus mais sous la surface lumineuse de l'idée, je pressentais une masse velue. Frère, en tout cas, j'eusse été incestueux. J'y rêvais. Dérivation? Camouflage de sentiments interdits? C'est bien possible. J'avais une sœur aînée, ma mère, et je souhaitais une sœur cadette. Aujourd'hui encore — 1963 — c'est bien le seul lien de parenté qui m'émeuve[1]. J'ai commis la grave erreur de chercher souvent parmi les femmes cette sœur qui n'avait pas eu lieu : débouté, condamné aux dépens. N'empêche que je ressuscite, en écrivant ces lignes, la colère qui me prit contre le meurtrier de Camille ; elle est si fraîche et si vivante que je me demande si le crime d'Horace n'est pas une des sources de mon antimilitarisme : les militaires tuent leurs sœurs. Je lui en aurais fait voir, moi, à ce soudard. Pour commencer, au poteau ! Et douze balles dans la peau ! Je tournais la page ; des caractères d'imprimerie me démontraient mon erreur : il fallait *acquitter* le sororicide. Pendant quelques instants, je soufflais, je frappais du sabot, taureau déçu par le leurre. Et puis, je me hâtais de jeter des cendres sur ma colère. C'était comme ça ; je devais

---

1. Vers dix ans, je me délectais en lisant *Les Transatlantiques* : on y montre un petit Américain et sa sœur, fort innocents, d'ailleurs. Je m'incarnais dans le garçon et j'aimais, à travers lui, Biddy, la fillette. J'ai longtemps rêvé d'écrire un conte sur deux enfants perdus et discrètement incestueux. On trouverait dans mes écrits des traces de ce fantasme : Oreste et Électre, dans *Les Mouches,* Boris et Ivich dans *Les Chemins de la liberté,* Frantz et Leni dans *Les Séquestrés d'Altona.* Ce dernier couple est le seul à passer aux actes. Ce qui me séduisait dans ce lien de famille, c'était moins la tentation amoureuse que l'interdiction de faire l'amour : feu et glace, délices et frustration mêlées, l'inceste me plaisait s'il restait platonique.

en prendre mon parti : j'étais trop jeune. J'avais tout
pris de travers ; la nécessité de cet acquittement se
trouvait justement établie par les nombreux alexandrins qui m'étaient restés hermétiques ou que j'avais
sautés par impatience. J'aimais cette incertitude et
que l'histoire m'échappât de tout côté : cela me
dépaysait. Vingt fois je relus les dernières pages de
Madame Bovary ; à la fin, j'en savais des paragraphes
entiers par cœur sans que la conduite du pauvre veuf
me devînt plus claire : il trouvait des lettres, était-ce
une raison pour laisser pousser sa barbe ? Il jetait un
regard sombre à Rodolphe, donc il lui gardait
rancune — de *quoi,* au fait ? Et pourquoi lui disait-il :
« Je ne vous en veux pas » ? Pourquoi Rodolphe le
trouvait-il « comique et un peu vil » ? Ensuite Charles Bovary mourait : de chagrin ? de maladie ? Et
pourquoi le docteur l'ouvrait-il puisque tout était
fini ? J'aimais cette résistance coriace dont je ne
venais jamais à bout ; mystifié, fourbu, je goûtais
l'ambiguë volupté de comprendre sans comprendre :
c'était l'épaisseur du monde ; le cœur humain dont
mon grand-père parlait volontiers en famille, je le
trouvais fade et creux partout sauf dans les livres.
Des noms vertigineux conditionnaient mes humeurs,
me plongeaient dans des terreurs ou des mélancolies
dont les raisons m'échappaient. Je disais « Charbovary » et je voyais, nulle part, un grand barbu en
loques se promener dans un enclos : ce n'était pas
supportable. A la source de ces anxieuses délices il y
avait la combinaison de deux peurs contradictoires.
Je craignais de tomber la tête la première dans un
univers fabuleux et d'y errer sans cesse, en compagnie d'Horace, de Charbovary, sans espoir de retrouver la rue Le Goff, Karlémami ni ma mère. Et, d'un

autre côté, je devinais que ces défilés de phrases offraient aux lecteurs adultes des significations qui se dérobaient à moi. J'introduisais dans ma tête, par les yeux, des mots vénéneux, infiniment plus riches que je ne savais ; une force étrangère recomposait en moi par le discours des histoires de furieux qui ne me concernaient pas, un atroce chagrin, le délabrement d'une vie : n'allais-je pas m'infecter, mourir empoisonné ? Absorbant le Verbe, absorbé par l'image, je ne me sauvais, en somme, que par l'incompatibilité de ces deux périls simultanés. A la tombée du jour, égaré dans une jungle de paroles, tressaillant au moindre bruit, prenant les craquements du parquet pour des interjections, je croyais découvrir le langage à l'état de nature, sans les hommes. Avec quel lâche soulagement, avec quelle déception, je retrouvais la banalité familiale quand ma mère entrait et donnait de la lumière en s'écriant : « Mon pauvre chéri, mais tu t'arraches les yeux ! » Hagard, je bondissais sur mes pieds, je criais, je courais, je faisais le pasquin. Mais jusque dans cette enfance reconquise, je me tracassais : *de quoi* parlent les livres ? Qui les écrit ? Pourquoi ? Je m'ouvris de ces inquiétudes à mon grand-père qui, après réflexion, jugea qu'il était temps de m'affranchir et fit si bien qu'il me marqua.

Longtemps il m'avait fait sauter sur sa jambe tendue en chantant : « A cheval sur mon bidet ; quand il trotte il fait des pets », et je riais de scandale. Il ne chanta plus : il m'assit sur ses genoux et me regarda dans le fond des yeux : « Je suis homme, répétait-il d'une voix publique, je suis homme et rien d'humain ne m'est étranger. » Il exagérait beaucoup : comme Platon fit du poète,

Karl chassait de sa République l'ingénieur, le marchand et probablement l'officier. Les fabriques lui
gâtaient le paysage ; des sciences pures, il ne goûtait
que la pureté. A Guérigny où nous passions la
dernière quinzaine de juillet, mon oncle Georges
nous emmenait visiter les fonderies : il faisait chaud,
des hommes brutaux et mal vêtus nous bousculaient ;
abasourdi par des bruits géants, je mourais de peur et
d'ennui ; mon grand-père regardait la coulée en
sifflant, par politesse, mais son œil restait mort. En
Auvergne, par contre, au mois d'août, il furetait à
travers les villages, se plantait devant les vieilles
maçonneries, frappait les briques du bout de sa
canne : « Ce que tu vois là, petit, me disait-il avec
animation, c'est un mur gallo-romain. » Il appréciait
aussi l'architecture religieuse et, bien qu'il abominât
les papistes, il ne manquait jamais d'entrer dans les
églises quand elles étaient gothiques ; romanes, cela
dépendait de son humeur. Il n'allait plus guère au
concert mais il y avait été : il aimait Beethoven, sa
pompe, ses grands orchestres ; Bach aussi, sans élan.
Parfois il s'approchait du piano et, sans s'asseoir,
plaquait de ses doigts gourds quelques accords : ma
grand-mère disait, avec un sourire fermé : « Charles
compose. » Ses fils étaient devenus — Georges
surtout — de bons exécutants qui détestaient Beethoven et préféraient à tout la musique de chambre ; ces
divergences de vue ne gênaient pas mon grand-père ;
il disait d'un air bon : « Les Schweitzer sont nés
musiciens. » Huit jours après ma naissance, comme
je semblais m'égayer au tintement d'une cuiller, il
avait décrété que j'avais de l'oreille.

Des vitraux, des arcs-boutants, des portails
sculptés, des chorals, des crucifixions taillées dans le

bois ou la pierre, des Méditations en vers ou des Harmonies poétiques : ces Humanités-là nous ramenaient sans détour au Divin. D'autant plus qu'il fallait y ajouter les beautés naturelles. Un même souffle modelait les ouvrages de Dieu et les grandes œuvres humaines ; un même arc-en-ciel brillait dans l'écume des cascades, miroitait entre les lignes de Flaubert, luisait dans les clairs-obscurs de Rembrandt : c'était l'Esprit. L'Esprit parlait à Dieu des Hommes, aux hommes il témoignait de Dieu. Dans la Beauté, mon grand-père voyait la présence charnelle de la Vérité et la source des élévations les plus nobles. En certaines circonstances exceptionnelles — quand un orage éclatait dans la montagne, quand Victor Hugo était inspiré — on pouvait atteindre au Point Sublime où le Vrai, le Beau, le Bien se confondaient.

J'avais trouvé ma religion : rien ne me parut plus important qu'un livre. La bibliothèque, j'y voyais un temple. Petit-fils de prêtre, je vivais sur le toit du monde, au sixième étage, perché sur la plus haute branche de l'Arbre Central : le tronc, c'était la cage de l'ascenseur. J'allais, je venais sur le balcon, je jetais sur les passants un regard de surplomb, je saluais, à travers la grille, Lucette Moreau, ma voisine, qui avait mon âge, mes boucles blondes et ma jeune féminité, je rentrais dans la *cella* ou dans le *pronaos,* je n'en descendais jamais *en personne* : quand ma mère m'emmenait au Luxembourg — c'est-à-dire : quotidiennement — je prêtais ma guenille aux basses contrées mais mon corps glorieux ne quittait pas son perchoir, je crois qu'il y est encore. Tout homme a son lieu naturel ; ni l'orgueil ni la valeur n'en fixent l'altitude : l'enfance décide. Le mien, c'est un sixième étage parisien avec vue sur les toits. Longtemps j'étouffai dans les vallées, les plaines m'accablèrent : je me traînais sur la planète Mars, la pesanteur m'écrasait ; il me suffisait de gravir une taupinière pour retrouver la joie : je regagnais mon sixième symbolique, j'y respirais de nouveau l'air raréfié des Belles-Lettres, l'Univers s'étageait à mes pieds et toute chose humblement sollicitait un nom, le lui donner c'était à la fois la créer et la prendre. Sans cette illusion capitale, je n'eusse jamais écrit.

Aujourd'hui, 22 avril 1963, je corrige ce manuscrit au dixième étage d'une maison neuve : par la fenêtre ouverte, je vois un cimetière, Paris, les collines de Saint-Cloud, bleues. C'est dire mon obstination. Tout a changé, pourtant. Enfant, eussé-je voulu mériter cette position élevée, il faudrait voir dans mon goût des pigeonniers un effet de l'ambition, de la vanité, une compensation de ma petite taille. Mais non ; il n'était pas question de grimper sur mon arbre sacré : j'y étais, je refusais d'en descendre ; il ne s'agissait pas de me placer au-dessus des hommes : je voulais vivre en plein éther parmi les simulacres aériens des Choses. Plus tard, loin de m'accrocher à des montgolfières, j'ai mis tout mon zèle à couler bas : il fallut chausser des semelles de plomb. Avec de la chance, il m'est arrivé parfois de frôler, sur des sables nus, des espèces sous-marines dont je devais inventer le nom. D'autres fois, rien à faire : une irrésistible légèreté me retenait à la surface. Pour finir, mon altimètre s'est détraqué, je suis tantôt ludion, tantôt scaphandrier, souvent les deux ensemble comme il convient dans notre partie : j'habite en l'air par habitude et je fouine en bas sans trop d'espoir.

Il fallut pourtant me parler des auteurs. Mon grand-père le fit avec tact, sans chaleur. Il m'apprit le nom de ces hommes illustres ; seul, je m'en récitais la liste, de Hésiode à Hugo, sans une faute : c'étaient les Saints et les Prophètes. Charles Schweitzer leur vouait, disait-il, un culte. Ils le dérangeaient pourtant : leur présence importune l'empêchait d'attribuer directement au Saint-Esprit les œuvres de l'Homme. Aussi nourrissait-il une préférence secrète pour les anonymes, pour les bâtisseurs qui avaient eu la modestie de s'effacer devant leurs cathédrales, pour l'auteur innombrable des chansons populaires. Il ne détestait pas Shakespeare, dont l'identité n'était pas établie. Ni Homère, pour le même motif. Ni quelques autres dont on n'était pas tout à fait sûr qu'ils eussent existé. A ceux qui n'avaient pas voulu ou su effacer les traces de leur vie il trouvait des excuses à condition qu'ils fussent morts. Mais il condamnait en bloc ses contemporains à l'exception d'Anatole France et de Courteline qui l'égayait. Charles Schweitzer jouissait fièrement de la considération qu'on témoignait à son grand âge, à sa culture, à sa beauté, à ses vertus, ce luthérien ne se défendait pas de penser, très bibliquement, que l'Éternel avait béni sa Maison. A table, il se recueillait parfois pour prendre une vue cavalière sur sa vie et conclure : « Mes enfants, comme il est bon de ne rien avoir à se reprocher. » Ses emportements, sa majesté, son orgueil et son goût du sublime couvraient une timidité d'esprit qui lui venait de sa religion, de son siècle et de l'Université, son milieu. Par cette raison il éprouvait une répugnance secrète pour les monstres sacrés de sa bibliothèque, gens de sac et de corde dont il tenait, au fond de soi, les livres pour des incongruités. Je m'y trompais : la réserve qui parais-

sait sous un enthousiasme de commande, je la
prenais pour la sévérité d'un juge ; son sacerdoce
l'élevait au-dessus d'eux. De toute manière, me
soufflait le ministre du culte, le génie n'est qu'un
prêt : il faut le mériter par de grandes souffrances,
par des épreuves modestement, fermement traver-
sées ; on finit par entendre des voix et l'on écrit sous
la dictée. Entre la première révolution russe et le
premier conflit mondial, quinze ans après la mort de
Mallarmé, au moment que Daniel de Fontanin
découvrait *Les Nourritures terrestres,* un homme du
xixᵉ siècle imposait à son petit-fils les idées en cours
sous Louis-Philippe. Ainsi, dit-on, s'expliquent les
routines paysannes : les pères vont aux champs,
laissant les fils aux mains des grands-parents. Je
prenais le départ avec un handicap de quatre-vingts
ans. Faut-il m'en plaindre ? Je ne sais pas : dans nos
sociétés en mouvement les retards donnent quelquefois de l'avance. Quoi qu'il en soit, on m'a jeté cet os
à ronger et je l'ai si bien travaillé que je vois le jour
au travers. Mon grand-père avait souhaité me dégoûter sournoisement des écrivains, ces intermédiaires.
Il obtint le résultat contraire : je confondis le talent
et le mérite. Ces braves gens me ressemblaient :
quand j'étais bien sage, quand j'endurais vaillam-
ment mes bobos, j'avais droit à des lauriers, à une
récompense ; c'était l'enfance. Karl Schweitzer me
montrait d'autres enfants, comme moi surveillés,
éprouvés, récompensés, qui avaient su garder toute
leur vie mon âge. Sans frère ni sœur et sans camarades, je fis d'eux mes premiers amis. Ils avaient
aimé, souffert avec rigueur, comme les héros de leurs
romans, et surtout avaient bien fini ; j'évoquais leurs
tourments avec un attendrissement un peu gai :

comme ils devaient être contents, les gars, quand ils se sentaient bien malheureux ; ils se disaient : « Quelle chance ! un beau vers va naître ! »

A mes yeux, ils n'étaient pas morts, enfin, pas tout à fait : ils s'étaient métamorphosés en livres. Corneille, c'était un gros rougeaud, rugueux, au dos de cuir, qui sentait la colle. Ce personnage incommode et sévère, aux paroles difficiles, avait des angles qui me blessaient les cuisses quand je le transportais. Mais, à peine ouvert, il m'offrait ses gravures sombres et douces comme des confidences. Flaubert, c'était un petit entoilé, inodore, piqueté de taches de son. Victor Hugo le multiple nichait sur tous les rayons à la fois. Voilà pour les corps ; quant aux âmes, elles hantaient les œuvres : les pages, c'étaient des fenêtres, du dehors un visage se collait contre la vitre, quelqu'un m'épiait ; je feignais de ne rien remarquer, je continuais ma lecture, les yeux rivés aux mots sous le regard fixe de feu Chateaubriand. Ces inquiétudes ne duraient pas ; le reste du temps, j'adorais mes compagnons de jeu. Je les mis au-dessus de tout et l'on me raconta sans m'étonner que Charles Quint avait ramassé le pinceau du Titien : la belle affaire ! un prince est fait pour cela. Pourtant, je ne les respectais pas : pourquoi les eussé-je loués d'être grands ? Ils ne faisaient que leur devoir. Je blâmais les autres d'être petits. Bref j'avais tout compris de travers et je faisais de l'exception la règle : l'espèce humaine devint un comité restreint qu'entouraient des animaux affectueux. Surtout mon grand-père en usait trop mal avec eux pour que je pusse les prendre au sérieux tout à fait. Il avait cessé de lire depuis la mort de Victor Hugo ; quand il n'avait rien d'autre à faire, il relisait. Mais son office était de traduire. Dans la vérité de son cœur, l'auteur du *Deutsches Lesebuch* tenait la littérature universelle pour son matériau. Du bout des lèvres, il classait les auteurs par ordre de mérite, mais cette hiérarchie de façade cachait mal ses préférences qui étaient utilitaires : Maupassant fournissait aux élèves allemands les meilleures versions ; Goethe, battant d'une tête Gottfried Keller, était inégalable pour les thèmes. Humaniste, mon grand-père tenait les romans en petite estime ; professeur, il les prisait fort à cause du vocabulaire. Il finit par ne plus supporter que les morceaux choisis et je l'ai vu, quelques années plus tard, se délecter d'un extrait de *Madame Bovary* prélevé par Mironneau pour ses *Lectures,* quand Flaubert au complet attendait depuis vingt ans son bon plaisir. Je sentais qu'il vivait des morts, ce qui n'allait pas sans compliquer mes rapports avec eux : sous prétexte de leur rendre un culte, il les tenait dans ses chaînes et ne se privait pas de les découper en tranches pour les transporter d'une langue à l'autre plus commodément. Je découvris en même temps leur grandeur et leur misère. Mérimée, pour son malheur, convenait au Cours Moyen ; en conséquence il menait double vie : au quatrième étage de la bibliothèque, Colomba c'était une fraîche colombe aux cent ailes, glacée, offerte et systématiquement ignorée ; nul regard ne la déflora jamais. Mais, sur le rayon du bas, cette même vierge s'emprisonnait dans un sale petit bouquin brun et puant ; l'histoire ni la langue n'avaient changé, mais il y avait des notes en allemand et un lexique ; j'appris en outre, scandale inégalé depuis le viol de l'Alsace-Lorraine, qu'on l'avait édité à Berlin. Ce livre-là, mon grand-père le mettait deux fois la semaine dans sa serviette, il l'avait couvert de taches, de traits rouges, de brûlures et je le détestais : c'était Mérimée humilié. Rien qu'à l'ouvrir, je mourais d'ennui : chaque syllabe se détachait sous ma vue comme elle faisait, à l'Institut, dans la bouche de mon grand-père. Imprimés en Allemagne, pour être lus par des Allemands, qu'étaient-ils, d'ailleurs, ces signes connus et méconnaissables, sinon la contrefaçon des mots français ? Encore une affaire d'espionnage : il eût suffi de gratter pour découvrir, sous leur travestissement gaulois, les vocables germaniques aux aguets. Je finis par me demander s'il n'y avait pas deux *Colomba*, l'une farouche et vraie, l'autre fausse et didactique, comme il y a deux *Yseut*.

Les tribulations de mes petits camarades me convainquirent que j'étais leur pair. Je n'avais ni leurs dons ni leurs mérites et je n'envisageais pas encore d'écrire mais, petit-fils de prêtre, je l'emportais sur eux par la naissance ; sans aucun doute j'étais voué : non point à leurs martyres toujours un peu scandaleux mais à quelque sacerdoce ; je serais sentinelle de la culture, comme Charles Schweitzer. Et puis, j'étais vivant, moi, et fort actif : je ne savais pas encore tronçonner les morts mais je leur imposais mes caprices : je les prenais dans mes bras, je les portais, je les déposais sur le parquet, je les ouvrais, je les refermais, je les tirais du néant pour les y replonger : c'étaient mes poupées, ces hommes-troncs, et j'avais pitié de cette misérable survie paralysée qu'on appelait leur immortalité. Mon grand-père encourageait ces familiarités : tous les enfants sont inspirés, ils ne peuvent rien envier aux poètes qui sont tout bonnement des enfants. Je raffolais de Courteline, je poursuivais la cuisinière

jusque dans la cuisine pour lui lire à haute voix
Théodore cherche des allumettes. On s'amusa de mon
engouement, des soins attentifs le développèrent, en
firent une passion publiée. Un beau jour mon grand-
père me dit négligemment : « Courteline doit être
bon bougre. Si tu l'aimes tant, pourquoi ne lui écris-
tu pas ? » J'écrivis. Charles Schweitzer guida ma
plume et décida de laisser plusieurs fautes d'orthographe dans ma lettre. Des journaux l'ont repro-
duite, il y a quelques années, et je ne l'ai pas relue
sans agacement. Je prenais congé sur ces mots
« votre futur ami » qui me semblaient tout naturels :
j'avais pour familiers Voltaire et Corneille ; comment
un écrivain *vivant* eût-il refusé mon amitié ? Courteline la refusa et fit bien : en répondant au petit-fils, il
fût tombé sur le grand-père. A l'époque, nous
jugeâmes sévèrement son silence : « J'admets, dit
Charles, qu'il ait beaucoup de travail mais, quand le
diable y serait, on répond à un enfant. »

Aujourd'hui encore, ce vice mineur me reste, la
familiarité. Je les traite en Labadens, ces illustres
défunts ; sur Baudelaire, sur Flaubert je m'exprime
sans détours et quand on m'en blâme, j'ai toujours
envie de répondre : « Ne vous mêlez pas de nos
affaires. Ils m'ont appartenu, vos génies, je les ai
tenus dans mes mains, aimés à la passion, en toute
irrévérence. Vais-je prendre des gants avec eux ? »
Mais l'humanisme de Karl, cet humanisme de prélat,
je m'en suis débarrassé du jour où j'ai compris que
tout homme est tout l'homme. Comme elles sont
tristes, les guérisons : le langage est désenchanté ; les
héros de la plume, mes anciens pairs, dépouillés de
leurs privilèges, sont rentrés dans le rang : je porte
deux fois leur deuil.

Ce que je viens d'écrire est faux. Vrai. Ni vrai ni
faux comme tout ce qu'on écrit sur les fous, sur les
hommes. J'ai rapporté les faits avec autant d'exacti-
tude que ma mémoire le permettait. Mais jusqu'à
quel point croyais-je à mon délire ? C'est la question
fondamentale et pourtant je n'en décide pas. J'ai vu
par la suite qu'on pouvait tout connaître de nos
affections hormis leur force, c'est-à-dire leur sincérité. Les actes eux-mêmes ne serviront pas d'étalon à
moins qu'on n'ait prouvé qu'ils ne sont pas des
gestes, ce qui n'est pas toujours facile. Voyez plutôt :
seul au milieu des adultes, j'étais un adulte en
miniature, et j'avais des lectures adultes ; cela sonne
faux, déjà, puisque, dans le même instant, je demeu-
rais un enfant. Je ne prétends pas que je fusse
coupable : c'était ainsi, voilà tout ; n'empêche que
mes explorations et mes chasses faisaient partie de la
Comédie familiale, qu'on s'en enchantait, que je le
savais : oui, je le savais, chaque jour, un enfant
merveilleux réveillait les grimoires que son grand-
père ne lisait plus. Je vivais au-dessus de mon âge
comme on vit au-dessus de ses moyens : avec zèle,
avec fatigue, coûteusement, pour la montre. A peine
avais-je poussé la porte de la bibliothèque, je me
retrouvais dans le ventre d'un vieillard inerte : le
grand bureau, le sous-main, les taches d'encre,
rouges et noires, sur le buvard rose, la règle, le pot de
colle, l'odeur croupie du tabac, et, en hiver, le
rougeoiement de la Salamandre, les claquements du
mica, c'était Karl en personne, réifié : il n'en fallait
pas plus pour me mettre en état de grâce, je courais
aux livres. Sincèrement ? Qu'est-ce que cela veut
dire ? Comment pourrais-je fixer — après tant d'années surtout — l'insaisissable et mouvante frontière

qui sépare la possession du cabotinage ? Je me
couchais sur le ventre, face aux fenêtres, un livre
ouvert devant moi, un verre d'eau rougie à ma
droite, à ma gauche, sur une assiette, une tartine de
confiture. Jusque dans la solitude j'étais en représentation : Anne-Marie, Karlémami avaient tourné ces
pages bien avant que je fusse né, c'était leur savoir
qui s'étalait à mes yeux ; le soir, on m'interrogerait :
« Qu'as-tu lu ? qu'as-tu compris ? », je le savais,
j'étais en gésine, j'accoucherais d'un mot d'enfant ;
fuir les grandes personnes dans la lecture, c'était le
meilleur moyen de communier avec elles ; absentes,
leur regard futur entrait en moi par l'occiput, ressortait par les prunelles, fléchait à ras du sol ces phrases
cent fois lues que je lisais pour la première fois. Vu,
je me voyais : je me voyais lire comme on s'écoute
parler. Avais-je tant changé depuis le temps où je
feignais de déchiffrer « le Chinois en Chine » avant
de connaître l'alphabet ? Non : le jeu continuait.
Derrière moi, la porte s'ouvrait, on venait voir « ce
que je fabriquais » : je truquais, je me relevais d'un
bond, je remettais Musset à sa place et j'allais
aussitôt, dressé sur la pointe des pieds, les bras levés,
prendre le pesant Corneille ; on mesurait ma passion
à mes efforts, j'entendais derrière moi, une voix
éblouie chuchoter : « Mais c'est qu'il *aime* Corneille ! » Je ne l'aimais pas : les alexandrins me
rebutaient. Par chance l'éditeur n'avait publié *in
extenso* que les tragédies les plus célèbres ; des autres
il donnait le titre et l'argument analytique : c'est ce
qui m'intéressait : « Rodelinde, femme de Pertha-
rite, roi des Lombards et vaincu par Grimoald, est
pressée par Unulphe de donner sa main au prince
étranger... » Je connus Rodogune, Théodore, Agési-

las avant le Cid, avant Cinna; je m'emplissais la bouche de noms sonores, le cœur de sentiments sublimes et j'avais souci de ne pas m'égarer dans les liens de parenté. On dit aussi : « Ce petit a la soif de s'instruire; il dévore le Larousse ! » et je laissais dire. Mais je ne m'instruisais guère : j'avais découvert que le dictionnaire contenait des résumés de pièces et de romans; je m'en délectais.

J'aimais plaire et je voulais prendre des bains de culture : je me rechargeais de sacré tous les jours. Distraitement parfois : il suffisait de me prosterner et de tourner les pages; les œuvres de mes petits amis me servirent fréquemment de moulins à prière. En même temps, j'eus des effrois et des plaisirs *pour de bon*; il m'arrivait d'oublier mon rôle et de filer à tombeau ouvert, emporté par une folle baleine qui n'était autre que le monde. Allez conclure ! En tout cas mon regard travaillait les mots : il fallait les essayer, décider de leur sens; la Comédie de la culture, à la longue, me cultivait.

Je faisais pourtant de *vraies* lectures : hors du sanctuaire, dans notre chambre ou sous la table de la salle à manger; de celles-là je ne parlais à personne, personne, sauf ma mère, ne m'en parlait. Anne-Marie avait pris au sérieux mes emportements truqués. Elle s'ouvrit à Mamie de ses inquiétudes. Ma grand-mère fut une alliée sûre : « Charles n'est pas raisonnable, dit-elle. C'est lui qui pousse le petit, je l'ai vu faire. Nous serons bien avancés quand cet enfant se sera desséché. » Les deux femmes évoquè-rent aussi le surmenage et la méningite. Il eût été dangereux et vain d'attaquer mon grand-père de front : elles biaisèrent. Au cours d'une de nos promenades, Anne-Marie s'arrêta comme par hasard devant le kiosque qui se trouve encore à l'angle du boulevard Saint-Michel et de la rue Soufflot : je vis des images merveilleuses, leurs couleurs criardes me fascinèrent, je les réclamai, je les obtins ; le tour était joué : je voulus avoir toutes les semaines *Cri-Cri*, *l'Épatant*, *Les Vacances*, *Les Trois Boys-Scouts* de Jean de la Hire et *Le Tour du monde en aéroplane*, d'Arnould Galopin qui paraissaient en fascicules le jeudi. D'un jeudi à l'autre je pensais à l'Aigle des Andes, à Marcel Dunot, le boxeur aux poings de fer, à Christian l'aviateur beaucoup plus qu'à mes amis Rabelais et Vigny. Ma mère se mit en quête d'ouvrages qui me rendissent à mon enfance : il y eut « les petits livres roses » d'abord, recueils mensuels de contes de fées puis, peu à peu, *Les Enfants du capitaine Grant*, *Le Dernier des Mohicans*, *Nicolas Nickleby*, *Les Cinq Sous de Lavarède*. A Jules Verne, trop pondéré, je préférai les extravagances de Paul d'Ivoi. Mais, quel que fût l'auteur, j'adorais les ouvrages de la collection Hetzel, petits théâtres dont la couverture rouge à glands d'or figurait le rideau : la poussière de soleil, sur les tranches, c'était la rampe. Je dois à ces boîtes magiques — et non aux phrases balancées de Chateaubriand — mes premières rencontres avec la Beauté. Quand je les ouvrais j'oubliais tout : était-ce lire ? Non, mais mourir d'extase : de mon abolition naissaient aussitôt des indigènes munis de sagaies, la brousse, un explorateur casqué de blanc. J'étais *vision,* j'inondais de lumière les belles joues sombres d'Aouda, les favoris de Philéas Fogg. Délivrée d'elle-même enfin, la petite merveille se laissait devenir pur émerveillement. A cinquante centimètres du plancher naissait un bonheur sans maître ni collier, parfait. Le Nou-

veau Monde semblait d'abord plus inquiétant que
l'Ancien : on y pillait, on y tuait ; le sang coulait à
flots. Des Indiens, des Hindous, des Mohicans, des
Hottentots ravissaient la jeune fille, ligotaient son
vieux père et se promettaient de le faire périr dans les
plus atroces supplices. C'était le Mal pur. Mais il
n'apparaissait que pour se prosterner devant le
Bien : au chapitre suivant, tout serait rétabli. Des
Blancs courageux feraient une hécatombe de sauvages, trancheraient les liens du père qui se jetterait
dans les bras de sa fille. Seuls les méchants mouraient
— et quelques bons très secondaires dont le décès
figurait parmi les faux frais de l'histoire. Du reste la
mort elle-même était aseptisée : on tombait les bras
en croix, avec un petit trou rond sous le sein gauche
ou, si le fusil n'était pas encore inventé, les coupables
étaient « passés au fil de l'épée ». J'aimais cette jolie
tournure : j'imaginais cet éclair droit et blanc, la
lame ; elle s'enfonçait comme dans du beurre et
ressortait par le dos du hors-la-loi, qui s'écroulait
sans perdre une goutte de sang. Parfois le trépas était
même risible : tel celui de ce Sarrasin qui, dans *La
Filleule de Roland,* je crois, jetait son cheval contre
celui d'un croisé ; le paladin lui déchargeait sur la tête
un bon coup de sabre qui le fendait de haut en bas ;
une illustration de Gustave Doré représentait cette
péripétie. Que c'était plaisant ! Les deux moitiés du
corps, séparées, commençaient de choir en décrivant
chacune un demi-cercle autour d'un étrier ; étonné,
le cheval se cabrait. Pendant plusieurs années je ne
pus voir la gravure sans rire aux larmes. Enfin je
tenais ce qu'il me fallait : l'Ennemi, haïssable, mais,
somme toute, inoffensif puisque ses projets n'abou-
tissaient pas et même, en dépit de ses efforts et de

son astuce diabolique, servaient la cause du Bien ; je
constatais, en effet, que le retour à l'ordre s'accompagnait toujours d'un progrès : les héros étaient
récompensés, ils recevaient des honneurs, des marques d'admiration, de l'argent ; grâce à leur intrépi-
dité, un territoire était conquis, un objet d'art
soustrait aux indigènes et transporté dans nos
musées ; la jeune fille s'éprenait de l'explorateur qui
lui avait sauvé la vie, tout finissait par un mariage.
De ces magazines et de ces livres j'ai tiré ma
fantasmagorie la plus intime : l'optimisme.

Ces lectures restèrent longtemps clandestines ;
Anne-Marie n'eut pas même besoin de m'avertir :
conscient de leur indignité je n'en soufflai pas mot à
mon grand-père. Je m'encanaillais, je prenais des
libertés, je passais des vacances au bordel mais je
n'oubliais pas que ma vérité était restée au temple. A
quoi bon scandaliser le prêtre par le récit de mes
égarements ? Karl finit par me surprendre ; il se fâcha
contre les deux femmes et celles-ci, profitant d'un
moment qu'il reprenait haleine, mirent tout sur mon
dos : j'avais vu les magazines, les romans d'aventures, je les avais convoités, réclamés, pouvaient-
elles me les refuser ? Cet habile mensonge mettait
mon grand-père au pied du mur : c'était moi, moi
seul qui trompais Colomba avec ces ribaudes trop
maquillées. Moi, l'enfant prophétique, la jeune
Pythonisse, l'Eliacin des Belles-Lettres, je manifes-
tais un penchant furieux pour l'infamie. A lui de
choisir : ou je ne prophétisais point ou l'on devait
respecter mes goûts sans chercher à les comprendre.
Père, Charles Schweitzer eût tout brûlé ; grand-père,
il choisit l'indulgence navrée. Je n'en demandais pas
plus et je continuai paisiblement ma double vie. Elle

n'a jamais cessé : aujourd'hui encore, je lis plus volontiers les « Série Noire » que Wittgenstein.

J'étais le premier, l'incomparable dans mon île aérienne ; je tombai au dernier rang quand on me soumit aux règles communes.

Mon grand-père avait décidé de m'inscrire au Lycée Montaigne. Un matin, il m'emmena chez le proviseur et lui vanta mes mérites : je n'avais que le défaut d'être *trop* avancé pour mon âge. Le proviseur donna les mains à tout : on me fit entrer en huitième et je pus croire que j'allais fréquenter les enfants de mon âge. Mais non : après la première dictée, mon grand-père fut convoqué en hâte par l'administration ; il revint enragé, tira de sa serviette un méchant papier couvert de gribouillis, de taches et le jeta sur la table : c'était la copie que j'avais remise. On avait attiré son attention sur l'orthographe — « le lapen çovache ême le ten[1] », — et tenté de lui faire comprendre que ma place était en dixième prépara-toire. Devant « lapen çovache » ma mère prit le fou rire ; mon grand-père l'arrêta d'un regard terrible. Il commença par m'accuser de mauvaise volonté et par me gronder pour la première fois de ma vie, puis il déclara qu'on m'avait méconnu ; dès le lendemain, il me retirait du lycée et se brouillait avec le proviseur.

Je n'avais rien compris à cette affaire et mon échec ne m'avait pas affecté : j'étais un enfant prodige qui ne savait pas l'orthographe, voilà tout. Et puis, je retrouvai sans ennui ma solitude : j'aimais mon mal.

1. Le lapin sauvage aime le thym.

J'avais perdu, sans même y prendre garde, l'occasion
de devenir vrai : on chargea M. Liévin, un instituteur
parisien, de me donner des leçons particulières ; il
venait presque tous les jours. Mon grand-père
m'avait acheté un petit bureau personnel, fait d'un
banc et d'un pupitre de bois blanc. Je m'asseyais sur
le banc et M. Liévin se promenait en dictant. Il
ressemblait à Vincent Auriol et mon grand-père
prétendait qu'il était frère Trois-Points ; « quand je
lui dis bonjour, nous disait-il avec la répugnance
apeurée d'un honnête homme en butte aux avances
d'un pédéraste, il trace avec son pouce le triangle
maçonnique sur la paume de ma main ». Je le
détestais parce qu'il oubliait de me choyer : je crois
qu'il me prenait non sans raison pour un enfant
retardé. Il disparut, je ne sais plus pourquoi : peut-
être s'était-il ouvert à quelqu'un de son opinion sur
moi.

Nous passâmes quelque temps à Arcachon et je fus
à l'école communale : les principes démocratiques de
mon grand-père l'exigeaient. Mais il voulait aussi
qu'on m'y tînt à l'écart du vulgaire. Il me recom-
manda en ces termes à l'instituteur : « Mon cher
collègue, je vous confie ce que j'ai de plus cher. »
M. Barrault portait une barbiche et un pince-nez : il
vint boire du vin de muscat dans notre villa et se
déclara flatté de la confiance que lui témoignait un
membre de l'enseignement secondaire. Il me faisait
asseoir à un pupitre spécial, à côté de la chaire, et,
pendant les récréations, me gardait à ses côtés. Ce
traitement de faveur me semblait légitime ; ce que
pensaient les « fils du peuple », mes égaux, je
l'ignore : je crois qu'ils s'en foutaient. Moi, leur
turbulence me fatiguait et je trouvais distingué de

m'ennuyer auprès de M. Barrault pendant qu'ils jouaient aux barres.

J'avais deux raisons de respecter mon instituteur : il me voulait du bien, il avait l'haleine forte. Les grandes personnes doivent être laides, ridées, incommodes ; quand elles me prenaient dans leurs bras, il ne me déplaisait pas d'avoir un léger dégoût à surmonter : c'était la preuve que la vertu n'était pas facile. Il y avait des joies simples, triviales : courir, sauter, manger des gâteaux, embrasser la peau douce et parfumée de ma mère ; mais j'attachais plus de prix aux plaisirs studieux et mêlés que j'éprouvais dans la compagnie des hommes mûrs : la répulsion qu'ils m'inspiraient faisait partie de leur prestige : je confondais le dégoût avec l'esprit de sérieux. J'étais snob. Quand M. Barrault se penchait sur moi, son souffle m'infligeait des gênes exquises, je respirais avec zèle l'odeur ingrate de ses vertus. Un jour, je découvris une inscription toute fraîche sur le mur de l'École, je m'approchai et lus : « Le père Barrault est un con. » Mon cœur battit à se rompre, la stupeur me cloua sur place, j'avais peur. « Con », ça ne pouvait être qu'un de ces « vilains mots » qui grouillaient dans les bas-fonds du vocabulaire et qu'un enfant bien élevé ne rencontre jamais ; court et brutal, il avait l'horrible simplicité des bêtes élémentaires. C'était déjà trop de l'avoir lu : je m'interdis de le prononcer, fût-ce à voix basse. Ce cafard accroché à la muraille, je ne voulais pas qu'il me sautât dans la bouche pour se métamorphoser au fond de ma gorge en un claironnement noir. Si je faisais semblant de ne pas l'avoir remarqué, peut-être rentrerait-il dans un trou de mur. Mais, quand je détournais mon regard, c'était pour retrouver l'appellation infâme : « le père

Barrault », qui m'épouvantait plus encore : le mot
« con », après tout, je ne faisais qu'en augurer le
sens ; mais je savais très bien qui on appelait « père
Untel » dans ma famille : les jardiniers, les facteurs,
le père de la bonne, bref les vieux pauvres. Quelqu'un voyait M. Barrault, l'instituteur, le collègue de
mon grand-père, sous l'aspect d'un vieux pauvre.
Quelque part, dans une tête, rôdait cette pensée
malade et criminelle. Dans quelle tête ? Dans la
mienne, peut-être. Ne suffisait-il pas d'avoir lu
l'inscription blasphématoire pour être complice d'un
sacrilège ? Il me semblait à la fois qu'un fou cruel
raillait ma politesse, mon respect, mon zèle, le plaisir
que j'avais chaque matin à ôter ma casquette en
disant « Bonjour, Monsieur l'Instituteur » et que
j'étais moi-même ce fou, que les vilains mots et les
vilaines pensées pullulaient dans mon cœur. Qu'est-
ce qui m'empêchait, par exemple, de crier à plein
gosier : « Ce vieux sagouin pue comme un cochon. »
Je murmurai : « Le père Barrault pue » et tout se mit
à tourner : je m'enfuis en pleurant. Dès le lendemain
je retrouvai ma déférence pour M. Barrault, pour
son col de celluloïd et son nœud papillon. Mais,
quand il s'inclinait sur mon cahier, je détournais la
tête en retenant mon souffle.

L'automne suivant, ma mère prit le parti de me
conduire à l'Institution Poupon. Il fallait monter un
escalier de bois, pénétrer dans une salle du premier
étage ; les enfants se groupaient en demi-cercle
silencieusement ; assises au fond de la pièce, droites
et le dos au mur, les mères surveillaient le professeur.
Le premier devoir des pauvres filles qui nous enseignaient, c'était de répartir également les éloges et les
bons points à notre académie de prodiges. Si l'une

d'elles avait un mouvement d'impatience ou se montrait trop satisfaite d'une bonne réponse, les demoiselles Poupon perdaient des élèves, elle perdait sa place. Nous étions bien trente académiciens qui n'eûmes jamais le temps de nous adresser la parole. A la sortie, chacune des mères s'emparait farouchement du sien et l'emportait au galop, sans saluer. Au bout d'un semestre, ma mère me retira du cours : on n'y travaillait guère et puis elle avait fini par se lasser de sentir peser sur elle le regard de ses voisines quand c'était mon tour d'être félicité. Mlle Marie-Louise, une jeune fille blonde, avec un pince-nez, qui professait huit heures par jour au cours Poupon pour un salaire de famine, accepta de me donner des leçons particulières à domicile, en se cachant des directrices. Elle interrompait parfois les dictées pour soulager son cœur de gros soupirs : elle me disait qu'elle était lasse à mourir, qu'elle vivait dans une solitude affreuse, qu'elle eût tout donné pour avoir un mari, n'importe lequel. Elle finit, elle aussi, par disparaître : on prétendait qu'elle ne m'apprenait rien, mais je crois surtout que mon grand-père la trouvait calamiteuse. Cet homme juste ne refusait pas de soulager les misérables mais répugnait à les inviter sous son toit. Il était temps : Mlle Marie-Louise me démoralisait. Je croyais les salaires proportionnés au mérite et on me disait qu'elle était méritante : pourquoi donc la payait-on si mal ? Quand on exerçait un métier, on était digne et fier, heureux de travailler : puisqu'elle avait la chance de travailler huit heures par jour, pourquoi parlait-elle de sa vie comme d'un mal incurable ? Quand je rapportais ses doléances, mon grand-père se mettait à rire : elle était bien trop laide pour qu'un homme voulût d'elle.

Je ne riais pas : on pouvait naître condamné ? En ce cas on m'avait menti : l'ordre du monde cachait d'intolérables désordres. Mon malaise se dissipa dès qu'on l'eut écartée. Charles Schweitzer me trouva des professeurs plus décents. Si décents que je les ai tous oubliés. Jusqu'à dix ans, je restai seul entre un vieillard et deux femmes.

Ma vérité, mon caractère et mon nom étaient aux mains des adultes ; j'avais appris à me voir par leurs yeux ; j'étais un enfant, ce monstre qu'ils fabriquent avec leurs regrets. Absents, ils laissaient derrière eux leur regard, mêlé à la lumière ; je courais, je sautais à travers ce regard qui me conservait ma nature de petit-fils modèle, qui continuait à m'offrir mes jouets et l'univers. Dans mon joli bocal, dans mon âme, mes pensées tournaient, chacun pouvait suivre leur manège : pas un coin d'ombre. Pourtant, sans mots, sans forme ni consistance, diluée dans cette innocente transparence, une transparente certitude gâchait tout : j'étais un imposteur. Comment jouer la comédie sans savoir qu'on la joue ? Elles se dénonçaient d'elles-mêmes, les claires apparences ensoleillées qui composaient mon personnage : par un défaut d'être que je ne pouvais ni tout à fait comprendre ni cesser de ressentir. Je me tournais vers les grandes personnes, je leur demandais de garantir mes mérites : c'était m'enfoncer dans l'imposture. Condamné à plaire, je me donnais des grâces qui se fanaient sur l'heure ; je traînais partout ma fausse bonhomie, mon importance désœuvrée, à l'affût d'une chance nouvelle : je croyais la saisir, je me

jetais dans une attitude et j'y retrouvais l'inconsistance que je voulais fuir. Mon grand-père somnolait,
enveloppé dans son plaid ; sous sa moustache brous-
sailleuse, j'apercevais la nudité rose de ses lèvres,
c'était insupportable : heureusement, ses lunettes
glissaient, je me précipitais pour les ramasser. Il
s'éveillait, m'enlevait dans ses bras, nous filions notre
grande scène d'amour : ce n'était plus ce que j'avais
voulu. Qu'avais-je voulu ? J'oubliais tout, je faisais
mon nid dans les buissons de sa barbe. J'entrais à la
cuisine, je déclarais que je voulais secouer la salade ;
c'étaient des cris, des fous rires : « Non, mon chéri,
pas comme ça ! Serre bien fort ta petite main : voilà !
Marie, aidez-le ! Mais c'est qu'il fait ça très bien. »
J'étais un faux enfant, je tenais un faux panier à
salade ; je sentais mes actes se changer en gestes. La
Comédie me dérobait le monde et les hommes : je ne
voyais que des rôles et des accessoires ; servant par
bouffonnerie les entreprises des adultes, comment
eussé-je pris au sérieux leurs soucis ? Je me prêtais à
leurs desseins avec un empressement vertueux qui
me retenait de partager leurs fins. Étranger aux
besoins, aux espoirs, aux plaisirs de l'espèce, je me
dilapidais froidement pour la séduire ; elle était mon
public, une rampe de feu me séparait d'elle, me
rejetait dans un exil orgueilleux qui tournait vite à
l'angoisse.

Le pis, c'est que je soupçonnais les adultes de
cabotinage. Les mots qu'ils m'adressaient, c'étaient
des bonbons ; mais ils parlaient entre eux sur un tout
autre ton. Et puis il leur arrivait de rompre des
contrats sacrés : je faisais ma moue la plus adorable,
celle dont j'étais le plus sûr et on me disait d'une voix
vraie : « Va jouer plus loin, petit, nous causons. »

D'autres fois, j'avais le sentiment qu'on se servait de moi. Ma mère m'emmenait au Luxembourg, l'oncle Émile, brouillé avec toute la famille, surgissait tout à coup ; il regardait sa sœur d'un air morose et lui disait sèchement : « Ce n'est pas pour toi que je suis ici : c'est pour voir le petit. » Il expliquait alors que j'étais le seul innocent de la famille, le seul qui ne l'eût jamais offensé délibérément, ni condamné sur de faux rapports. Je souriais, gêné par ma puissance et par l'amour que j'avais allumé dans le cœur de cet homme sombre. Mais déjà, le frère et la sœur discutaient de leurs affaires, énuméraient leurs griefs réciproques ; Émile s'emportait contre Charles. Anne-Marie le défendait, en cédant du terrain ; ils en venaient à parler de Louise, je restais entre leurs chaises en fer, oublié. J'étais préparé à admettre — si seulement j'eusse été en âge de les comprendre — toutes les maximes de droite qu'un vieil homme de gauche m'enseignait par ses conduites : que la Vérité et la Fable sont une même chose, qu'il faut jouer la passion pour la ressentir, que l'homme est un être de cérémonie. On m'avait persuadé que nous étions créés pour nous donner la comédie ; la comédie, je l'acceptais mais j'exigeais d'en être le principal personnage : or, à des instants de foudre qui me laissaient anéanti, je m'apercevais que j'y tenais un « faux-beau-rôle », avec du texte, beaucoup de présence, mais pas de scène « à moi » ; en un mot, que je donnais la réplique aux grandes personnes. Charles me flattait pour amadouer sa mort ; dans ma pétulance, Louise trouvait la justification de ses bouderies ; Anne-Marie celle de son humilité. Et pourtant, sans moi, ses parents eussent recueilli ma mère, sa délicatesse l'eût livrée sans défense à Mamie ; sans moi, Louise eût boudé, Charles se fût émerveillé devant le mont Cervin, les météores ou les enfants des autres. J'étais la cause occasionnelle de leurs discordes et de leurs réconciliations ; les causes profondes étaient ailleurs : à Mâcon, à Gunsbach, à Thiviers, dans un vieux cœur qui s'encrassait, dans un passé bien antérieur à ma naissance. Je leur reflétais l'unité de la famille et ses antiques contradictions ; ils usaient de ma divine enfance pour devenir ce qu'ils étaient. Je vécus dans le malaise : au moment où leurs cérémonies me persuadaient que rien n'existe sans raison et que chacun, du plus grand au plus petit, a sa place marquée dans l'Univers, ma raison d'être, à moi, se dérobait, je découvrais tout à coup que je comptais pour du beurre et j'avais honte de ma présence insolite dans ce monde en ordre.

Un père m'eût lesté de quelques obstinations durables ; faisant de ses humeurs mes principes, de son ignorance mon savoir, de ses rancœurs mon orgueil, de ses manies ma loi, il m'eût habité ; ce respectable locataire m'eût donné du respect pour moi-même. Sur le respect j'eusse fondé mon droit de vivre. Mon géniteur eût décidé de mon avenir : polytechnicien de naissance, j'eusse été rassuré pour toujours. Mais si jamais Jean-Baptiste Sartre avait connu ma destination, il en avait emporté le secret ; ma mère se rappelait seulement qu'il avait dit : « Mon fils n'entrera pas dans la Marine. » Faute de renseignements plus précis, personne, à commencer par moi, ne savait ce que j'étais venu foutre sur terre. M'eût-il laissé du bien, mon enfance eût été changée ; je n'écrirais pas puisque je serais un autre. Les champs et la maison renvoient au jeune héritier une image stable de lui-même ; il se touche sur *son*

gravier, sur les vitres losangées de *sa* véranda et fait
de leur inertie la substance immortelle de son âme. Il
y a quelques jours, au restaurant, le fils du patron, un
petit garçon de sept ans, criait à la caissière :
« Quand mon père n'est pas là, c'est moi le Maître. »
Voilà un homme ! A son âge, je n'étais maître de
personne et rien ne m'appartenait. Dans mes rares
minutes de dissipation, ma mère me chuchotait :
« Prends garde ! Nous ne sommes pas chez nous ! »
Nous ne fûmes jamais chez nous : ni rue Le Goff ni
plus tard, quand ma mère se fut remariée. Je n'en
souffris pas puisqu'on me prêtait tout ; mais je restais
abstrait. Au propriétaire, les biens de ce monde
reflètent ce qu'il est ; ils m'enseignaient ce que je
n'étais pas : *je n'étais pas* consistant ni permanent ; *je
n'étais pas* le continuateur futur de l'œuvre pater-
nelle, *je n'étais pas* nécessaire à la production de
l'acier ; en un mot je n'avais pas d'âme.

C'eût été parfait si j'avais fait bon ménage avec
mon corps. Mais nous formions, lui et moi, un drôle
de couple. Dans la misère, l'enfant ne s'interroge
pas : éprouvée *corporellement* par les besoins et les
maladies, son injustifiable condition justifie son existence, c'est la faim, c'est le danger de mort perpétuel
qui fondent son droit de vivre : il vit pour ne pas
mourir. Moi, je n'étais ni assez riche pour me croire
prédestiné ni assez pauvre pour ressentir mes envies
comme des exigences. Je remplissais mes devoirs
alimentaires et Dieu m'envoyait parfois — rare-
ment — cette grâce qui permet de manger sans
dégoût — l'appétit. Respirant, digérant, déféquant
avec nonchalance, je vivais parce que j'avais commencé à vivre. De mon corps, ce compagnon gavé,
j'ignorais la violence et les sauvages réclamations : il

se faisait connaître par une suite de malaises douillets, très sollicités par les grandes personnes. A l'époque, une famille distinguée se devait de compter au moins un enfant délicat. J'étais le bon sujet puisque j'avais pensé mourir à ma naissance. On me guettait, on me prenait le pouls, la température, on m'obligeait à tirer la langue : « Tu ne trouves pas qu'il est un peu pâlot ? » « C'est l'éclairage. » « Je t'assure qu'il a maigri ! » « Mais, papa, nous l'avons pesé hier. » Sous ces regards inquisiteurs, je me sentais devenir un objet, une fleur en pot. Pour conclure, on me fourrait au lit. Suffoqué par la chaleur, mitonnant sous les draps, je confondais mon corps et son malaise : des deux, je ne savais plus lequel était indésirable.

M. Simonnot, collaborateur de mon grand-père, déjeunait avec nous, le jeudi. J'enviais ce quinquagénaire aux joues de fille qui cirait sa moustache et teignait son toupet : quand Anne-Marie lui demandait, pour faire durer la conversation, s'il aimait Bach, s'il se plaisait à la mer, à la montagne, s'il gardait bon souvenir de sa ville natale, il prenait le temps de la réflexion et dirigeait son regard intérieur sur le massif granitique de ses goûts. Quand il avait obtenu le renseignement demandé, il le communiquait à ma mère, d'une voix objective, en saluant de la tête. L'heureux homme ! il devait, pensais-je, s'éveiller chaque matin dans la jubilation, recenser, de quelque Point Sublime, ses pics, ses crêtes et ses vallons, puis s'étirer voluptueusement en disant : « C'est bien moi : je suis M. Simonnot, tout entier. » Naturellement j'étais fort capable, quand on m'interrogeait, de faire connaître mes préférences et même

de les affirmer ; mais, dans la solitude, elles m'échappaient : loin de les *constater,* il fallait les tenir et les
pousser, leur insuffler la vie ; je n'étais même plus sûr
de préférer le filet de bœuf au rôti de veau. Que
n'eussé-je donné pour qu'on installât en moi un
paysage tourmenté, des obstinations droites comme
des falaises. Quand Mme Picard, usant avec tact du
vocabulaire à la mode, disait de mon grand-père :
« Charles est un être exquis », ou bien « On ne
connaît pas les êtres », je me sentais condamné sans
recours. Les cailloux du Luxembourg, M. Simonnot,
les marronniers, Karlémami, c'étaient des êtres. Pas
moi : je n'en avais ni l'inertie ni la profondeur ni
l'impénétrabilité. J'étais *rien* : une transparence inef-
façable. Ma jalousie ne connut plus de bornes le jour
où l'on m'apprit que M. Simonnot, cette statue, ce
bloc monolithique, était par-dessus le marché indispensable à l'univers.

C'était fête. A l'Institut des Langues Vivantes, la
foule battait des mains sous la flamme mouvante d'un
bec Auer, ma mère jouait du Chopin, tout le monde
parlait français sur l'ordre de mon grand-père : un
français lent, guttural, avec des grâces fanées et la
pompe d'un oratorio. Je volais de main en main sans
toucher terre ; j'étouffais contre le sein d'une romancière allemande quand mon grand-père, du haut de
sa gloire, laissa tomber un verdict qui me frappa au
cœur : « Il y a quelqu'un qui manque ici : c'est
Simonnot. Je m'échappai des bras de la romancière,
je me réfugiai dans un coin, les invités disparurent ;
au centre d'un anneau tumultueux, je vis une
colonne : M. Simonnot lui-même, absent en chair et
en os. Cette absence prodigieuse le transfigura. Il
s'en fallait de beaucoup que l'Institut fût au complet :

certains élèves étaient malades, d'autres s'étaient fait excuser ; mais il ne s'agissait là que de faits accidentels et négligeables. Seul, M. Simonnot *manquait*. Il avait suffi de prononcer son nom : dans cette salle bondée, le vide s'était enfoncé comme un couteau. Je m'émerveillai qu'un homme eût sa place faite. Sa place : un néant creusé par l'attente universelle, un ventre invisible d'où, brusquement, il semblait qu'on pût renaître. Pourtant, s'il était sorti de terre, au milieu des ovations, si même les femmes s'étaient jetées sur sa main pour la baiser, j'aurais été dégrisé : la présence charnelle est toujours excédentaire. Vierge, réduit à la pureté d'une essence négative, il gardait la transparence incompressible du diamant. Puisque c'était mon lot, à moi, d'être à chaque instant situé parmi certaines personnes, en un certain lieu de la terre et de m'y savoir superflu, je voulus manquer comme l'eau, comme le pain, comme l'air à tous les autres hommes dans tous les autres lieux.

Ce souhait revint tous les jours sur mes lèvres. Charles Schweitzer mettait de la nécessité partout pour couvrir une détresse qui ne m'apparut jamais tant qu'il vécut et que je commence seulement à deviner. Tous ses collègues portaient le ciel. On comptait, au nombre de ces Atlas, des grammairiens, des philologues et des linguistes, M. Lyon-Caen et le directeur de la *Revue pédagogique*. Il parlait d'eux sentencieusement pour nous faire mesurer leur importance : « Lyon-Caen connaît son affaire. Sa place était à l'Institut », ou encore : « Shurer se fait vieux ; espérons qu'on n'aura pas la sottise de lui donner sa retraite : la Faculté ne sait pas ce qu'elle perdrait. » Entouré de vieillards irremplaçables dont la disparition prochaine allait plonger l'Europe dans le deuil et peut-être dans la barbarie, que n'eussé-je donné pour entendre une voix fabuleuse porter sentence dans mon cœur : « Ce petit Sartre connaît son affaire ; s'il venait à disparaître, la France ne sait pas ce qu'elle perdrait ! » L'enfance bourgeoise vit dans l'éternité de l'instant, c'est-à-dire dans l'inaction : je voulais être Atlas tout de suite, pour toujours et depuis toujours, je ne concevais même pas qu'on pût travailler à le devenir ; il me fallait une Cour Suprême, un décret me rétablissant dans mes droits. Mais où étaient les magistrats ? Mes juges naturels s'étaient déconsidérés par leur cabotinage ; je les récusais, mais je n'en voyais pas d'autres.

Vermine stupéfaite, sans foi, sans loi, sans raison ni fin, je m'évadais dans la comédie familiale, tournant, courant, volant d'imposture en imposture. Je fuyais mon corps injustifiable et ses veules confidences ; que la toupie butât sur un obstacle et s'arrêtât, le petit comédien hagard retombait dans la stupeur animale. De bonnes amies dirent à ma mère que j'étais triste, qu'on m'avait surpris à rêver. Ma mère me serra contre elle en riant : « Toi qui es si gai, toujours à chanter ! Et de quoi te plaindrais-tu ? Tu as tout ce que tu veux. » Elle avait raison : un enfant gâté n'est pas triste ; il s'ennuie comme un roi. Comme un chien.

Je suis un chien : je bâille, les larmes roulent, je les sens rouler. Je suis un arbre, le vent s'accroche à mes branches et les agite vaguement. Je suis une mouche, je grimpe le long d'une vitre, je dégringole, je recommence à grimper. Quelquefois, je sens la caresse du temps qui passe, d'autres fois — le plus souvent — je le sens qui ne passe pas. De tremblantes minutes s'affalent, m'engloutissent et n'en finissent pas d'agoniser ; croupies mais encore vives, on les balaye, d'autres les remplacent, plus fraîches, tout aussi vaines ; ces dégoûts s'appellent le bonheur ; ma mère me répète que je suis le plus heureux des petits garçons. Comment ne la croirais-je pas *puisque c'est vrai* ? A mon délaissement je ne pense jamais ; d'abord il n'y a pas de mot pour le nommer ; et puis je ne le vois pas : on ne cesse pas de m'entourer. C'est la trame de ma vie, l'étoffe de mes plaisirs, la chair de mes pensées.

Je vis la mort. A cinq ans : elle me guettait ; le soir, elle rôdait sur le balcon, collait son mufle au carreau, je la voyais mais je n'osais rien dire. Quai Voltaire, une fois, nous la rencontrâmes, c'était une vieille dame grande et folle, vêtue de noir, elle marmonna sur mon passage : « Cet enfant, je le mettrai dans ma poche. » Une autre fois, elle prit la forme d'une excavation : c'était à Arcachon ; Karlémami et ma mère rendaient visite à Mme Dupont et à son fils Gabriel, le compositeur. Je jouais dans le jardin de la villa, apeuré parce qu'on m'avait dit que Gabriel était malade et qu'il allait mourir. Je fis le cheval, sans entrain, et caracolai autour de la maison. Tout d'un coup, j'aperçus un trou de ténèbres : la cave, on l'avait ouverte ; je ne sais trop quelle évidence de solitude et d'horreur m'aveugla : je fis demi-tour et, chantant à tue-tête, je m'enfuis. A cette époque, j'avais rendez-vous toutes les nuits avec elle dans mon lit. C'était un rite : il fallait que je me couche sur le côté gauche, le nez vers la ruelle ; j'attendais, tout tremblant, et elle m'apparaissait, squelette très conformiste, avec une faux ; j'avais alors la permission de me retourner sur le côté droit, elle s'en allait, je pouvais dormir tranquille. Dans la journée, je la

reconnaissait sous les déguisements les plus divers :
s'il arrivait à ma mère de chanter en français *Le Roi
des aulnes,* je me bouchais les oreilles ; pour avoir lu
L'Ivrogne et sa femme je restai six mois sans ouvrir
les fables de La Fontaine. Elle s'en foutait, la
gueuse : cachée dans un conte de Mérimée, *La
Vénus d'Ille,* elle attendait que je le lusse pour me
sauter à la gorge. Les enterrements ne m'inquiétaient
pas ni les tombes ; vers ce temps ma grand-mère
Sartre tomba malade et mourut ; ma mère et moi,
nous arrivâmes à Thiviers, convoqués par dépêche,
quand elle vivait encore. On préféra m'écarter des
lieux où cette longue existence malheureuse achevait
de se défaire ; des amis se chargèrent de moi, me
logèrent, on me donna pour m'occuper des jeux de
circonstance, instructifs, tout endeuillés d'ennui. Je
jouai, je lus, je mis mon zèle à faire montre d'un
recueillement exemplaire mais je ne sentis rien. Rien
non plus quand nous suivîmes le corbillard jusqu'au
cimetière. La mort brillait par son absence : décéder,
ce n'était pas mourir, la métamorphose de cette
vieillarde en dalle funéraire ne me déplaisait pas ; il y
avait transsubstantiation, accession à l'être, tout se
passait en somme comme si je m'étais transformé,
pompeusement, en M. Simonnot. Par cette raison
j'ai toujours aimé, j'aime encore les cimetières
italiens : la pierre y est tourmentée, c'est tout un
homme baroque, un médaillon s'y incruste, enca-
drant une photo qui rappelle le défunt dans son
premier état. Quand j'avais sept ans, la vraie Mort, la
Camarde, je la rencontrais partout, jamais là.
Qu'est-ce que c'était ? Une personne et une menace.
La personne était folle ; quant à la menace, voici :
des bouches d'ombre pouvaient s'ouvrir partout, en

plein jour, sur le plus radieux soleil et me happer. Il y avait un envers horrible des choses, quand on perdait la raison, on le voyait, mourir c'était pousser la folie à l'extrême et s'y engloutir. Je vécus dans la terreur, ce fut une authentique névrose. Si j'en cherche la raison, il vient ceci : enfant gâté, don providentiel, ma profonde inutilité m'était d'autant plus manifeste que le rituel familial me paraît constamment d'une nécessité forgée. Je me sentais de trop, donc il fallait disparaître. J'étais un épanouissement fade en instance perpétuelle d'abolition. En d'autres termes, j'étais condamné, d'une seconde à l'autre on pouvait appliquer la sentence. Je la refusais, pourtant, de toutes mes forces, non que mon existence me fût chère mais, tout au contraire, parce que je n'y tenais pas : plus absurde est la vie, moins supportable la mort.

Dieu m'aurait tiré de peine : j'aurais été chef-d'œuvre signé ; assuré de tenir ma partie dans le concert universel, j'aurais attendu patiemment qu'Il me révélât ses desseins et ma nécessité. Je pressentais la religion, je l'espérais, c'était le remède. Me l'eût-on refusée, je l'eusse inventée moi-même. On ne me la refusait pas : élevé dans la foi catholique, j'appris que le Tout-Puissant m'avait fait pour sa gloire : c'était plus que je n'osais rêver. Mais, par la suite, dans le Dieu fashionable qu'on m'enseigna, je ne reconnus pas celui qu'attendait mon âme : il me fallait un Créateur, on me donnait un Grand Patron ; les deux n'étaient qu'un mais je l'ignorais ; je servais sans chaleur l'Idole pharisienne et la doctrine officielle me dégoûtait de chercher ma propre foi. Quelle chance ! Confiance et désolation faisaient de mon âme un terrain de choix pour y semer le Ciel : sans

cette méprise, je serais moine. Mais ma famille avait
été touchée par le lent mouvement de déchristianisa-
tion qui naquit dans la haute bourgeoisie voltairienne
et prit un siècle pour s'étendre à toutes les couches de
la société : sans cet affaiblissement général de la foi,
Louise Guillemin, demoiselle catholique de province, eût fait plus de manières pour épouser un
luthérien. Naturellement, tout le monde croyait,
chez nous : par discrétion. Sept ou huit ans après le
ministère Combes, l'incroyance déclarée gardait la
violence et le débraillé de la passion ; un athée,
c'était un original, un furieux qu'on n'invitait pas à
dîner de peur qu'il ne « fît une sortie », un fanatique
encombré de tabous qui se refusait le droit de
s'agenouiller dans les églises, d'y marier ses filles et
d'y pleurer délicieusement, qui s'imposait de prouver
la vérité de sa doctrine par la pureté de ses mœurs,
qui s'acharnait contre lui-même et contre son bonheur au point de s'ôter le moyen de mourir consolé,
un maniaque de Dieu qui voyait partout Son absence
et qui ne pouvait ouvrir la bouche sans prononcer
Son nom, bref un monsieur qui avait des convictions
religieuses. Le croyant n'en avait point : depuis deux
mille ans les certitudes chrétiennes avaient eu le
temps de faire leurs preuves, elles appartenaient à
tous, on leur demandait de briller dans le regard d'un
prêtre, dans le demi-jour d'une église et d'éclairer les
âmes mais nul n'avait besoin de les reprendre à son
compte ; c'était le patrimoine commun. La bonne
société croyait en Dieu pour ne pas parler de Lui.
Comme la religion semblait tolérante ! Comme elle
était commode : le chrétien pouvait déserter la
Messe et marier religieusement ses enfants, sourire
des « bondieuseries » de Saint-Sulpice et verser des

larmes en écoutant la *Marche nuptiale de Lohengrin* ;
il n'était tenu ni de mener une vie exemplaire ni de
mourir dans le désespoir, pas même de se faire
crémer. Dans notre milieu, dans ma famille, la foi
n'était qu'un nom d'apparat pour la douce liberté
française ; on m'avait baptisé, comme tant d'autres,
pour préserver mon indépendance : en me refusant
le baptême, on eût craint de violenter mon âme ;
catholique inscrit, j'étais libre, j'étais normal : « Plus
tard, disait-on, il fera ce qu'il voudra. » On jugeait
alors beaucoup plus difficile de gagner la foi que de la
perdre.

Charles Schweitzer était trop comédien pour
n'avoir pas besoin d'un Grand Spectateur mais il ne
pensait guère à Dieu sauf dans les moments de
pointe ; sûr de le retrouver à l'heure de la mort, il le
tenait à l'écart de sa vie. Dans le privé, par fidélité à
nos provinces perdues, à la grosse gaîté des antipa-
pistes, ses frères, il ne manquait pas une occasion de
tourner le catholicisme en ridicule : ses propos de
table ressemblaient à ceux de Luther. Sur Lourdes, il
ne tarissait pas : Bernadette avait vu « une bonne
femme qui changeait de chemise » ; on avait plongé
un paralytique dans la piscine et, quand on l'en avait
retiré, « il voyait des deux yeux ». Il racontait la vie
de saint Labre, couvert de poux, celle de sainte
Marie Alacoque, qui ramassait les déjections des
malades avec la langue. Ces bourdes m'ont rendu
service : j'inclinais d'autant plus à m'élever au-dessus
des biens de ce monde que je n'en possédais aucun et
j'aurais trouvé sans peine ma vocation dans mon
confortable dénuement ; le mysticisme convient aux
personnes déplacées, aux enfants surnuméraires :
pour m'y précipiter, il aurait suffi de me présenter

l'affaire par l'autre bout ; je risquais d'être une proie pour la sainteté. Mon grand-père m'en a dégoûté pour toujours : je la vis par ses yeux, cette folie cruelle m'écœura par la fadeur de ses extases, me terrifia par son mépris sadique du corps ; les excentricités des saints n'avaient guère plus de sens que celles de l'Anglais qui plongea dans la mer en smoking. En écoutant ces récits, ma grand-mère faisait semblant de s'indigner, elle appelait son mari « mécréant » et « parpaillot », elle lui donnait des tapes sur les doigts mais l'indulgence de son sourire achevait de me désabuser ; elle ne croyait à rien ; seul, son scepticisme l'empêchait d'être athée. Ma mère se gardait bien d'intervenir ; elle avait « son Dieu à elle » et ne lui demandait guère que de la consoler en secret. Le débat se poursuivait dans ma tête, affaibli : un autre moi-même, mon frère noir, contestait languissamment tous les articles de foi ; j'étais catholique et protestant, je joignais l'esprit critique à l'esprit de soumission. Dans le fond, tout cela m'assommait : je fus conduit à l'incroyance non par le conflit des dogmes mais par l'indifférence de mes grandsparents. Pourtant, je croyais : en chemise, à genoux sur le lit, mains jointes, je faisais tous les jours ma prière mais je pensais au bon Dieu de moins en moins souvent. Ma mère me conduisait le jeudi à l'Institution de l'abbé Dibildos : j'y suivais un cours d'instruction religieuse au milieu d'enfants inconnus. Mon grand-père avait si bien fait que je tenais les curés pour des bêtes curieuses ; bien qu'ils fussent les ministres de *ma* confession, ils m'étaient plus étrangers que les pasteurs, à cause de leur robe et du célibat. Charles Schweitzer respectait l'abbé Dibildos — « un honnête homme ! » — qu'il connaissait personnellement, mais son anticléricalisme était si déclaré que je franchissais la porte cochère avec le sentiment de pénétrer en territoire ennemi. Quant à moi, je ne détestais pas les prêtres : ils prenaient pour me parler le visage tendre, massé par la spiritualité, l'air de bienveillance émerveillée, le regard infini que j'appréciais tout particulièrement chez Mme Picard et d'autres vieilles amies musiciennes de ma mère ; c'était mon grand-père qui les détestait par moi. Il avait eu, le premier, l'idée de me confier à son ami, l'abbé, mais il dévisageait avec inquiétude le petit catholique qu'on lui ramenait le jeudi soir, il cherchait dans mes yeux le progrès du papisme et ne se privait pas de me plaisanter. Cette situation fausse ne dura pas plus de six mois. Un jour, je remis à l'instructeur une composition française sur la Passion ; elle avait fait les délices de ma famille et ma mère l'avait recopiée de sa main. Elle n'obtint que la médaille d'argent. Cette déception m'enfonça dans l'impiété. Une maladie, les vacances m'empêchèrent de retourner à l'Institution Dibildos ; à la rentrée, j'exigeai de n'y plus aller du tout. Pendant plusieurs années encore, j'entretins des relations publiques avec le Tout-Puissant ; dans le privé, je cessai de le fréquenter. Une seule fois, j'eus le sentiment qu'Il existait. J'avais joué avec des allumettes et brûlé un petit tapis ; j'étais en train de maquiller mon forfait quand soudain Dieu me vit, je sentis Son regard à l'intérieur de ma tête et sur mes mains ; je tournoyai dans la salle de bains, horriblement visible, une cible vivante. L'indignation me sauva : je me mis en fureur contre une indiscrétion si grossière, je blasphémai, je murmurai comme mon grand-père :

« Sacré nom de Dieu de nom de Dieu de nom de Dieu. » Il ne me regarda plus jamais.

Je viens de raconter l'histoire d'une vocation manquée : j'avais besoin de Dieu, on me le donna, je le reçus sans comprendre que je le cherchais. Faute de prendre racine en mon cœur, il a végété en moi quelque temps, puis il est mort. Aujourd'hui quand on me parle de Lui, je dis avec l'amusement sans regret d'un vieux beau qui rencontre une ancienne belle : « Il y a cinquante ans, sans ce malentendu, sans cette méprise, sans l'accident qui nous sépara, il aurait pu y avoir quelque chose entre nous. »

Il n'y eut rien. Pourtant mes affaires allaient de mal en pis. Mon grand-père s'agaçait de ma longue chevelure : « C'est un garçon, disait-il à ma mère, tu vas en faire une fille ; je ne veux pas que mon petit-fils devienne une poule mouillée ! » Anne-Marie tenait bon ; elle eût aimé, je pense, que je fusse une fille pour de vrai ; avec quel bonheur elle eût comblé de bienfaits sa triste enfance ressuscitée. Le Ciel ne l'ayant pas exaucée, elle s'arrangea : j'aurais le sexe des anges, indéterminé mais féminin sur les bords. Tendre, elle m'apprit la tendresse ; ma solitude fit le reste et m'écarta des jeux violents. Un jour — j'avais sept ans — mon grand-père n'y tint plus : il me prit par la main, annonçant qu'il m'emmenait en promenade. Mais, à peine avions-nous tourné le coin de la rue, il me poussa chez le coiffeur en me disant : « Nous allons faire une surprise à ta mère. » J'adorais les surprises. Il y en avait tout le temps chez nous. Cachotteries amusées ou vertueuses, cadeaux inattendus, révélations théâtrales suivies d'embrassements : c'était le ton de notre vie. Quand on m'avait ôté l'appendice, ma mère n'en avait pas soufflé mot à

Karl pour lui éviter des angoisses qu'il n'eût, de toute manière, pas ressenties. Mon oncle Auguste avait donné l'argent ; revenus clandestinement d'Arcachon, nous nous étions cachés dans une clinique de Courbevoie. Le surlendemain de l'opération, Auguste était venu voir mon grand-père : « Je vais, lui avait-il dit, t'annoncer une bonne nouvelle. » Karl fut trompé par l'affable solennité de cette voix : « Tu te remaries ! » « Non, répondit mon oncle en souriant, mais tout s'est très bien passé. » « Quoi, tout ? », etc. Bref les coups de théâtre faisaient mon petit ordinaire et je regardai avec bienveillance mes boucles rouler le long de la serviette blanche qui me serrait le cou et tomber sur le plancher, inexplicablement ternies ; je revins glorieux et tondu.

Il y eut des cris mais pas d'embrassements et ma mère s'enferma dans sa chambre pour pleurer : on avait troqué sa fillette contre un garçonnet. Il y avait pis : tant qu'elles voltigeaient autour de mes oreilles, mes belles anglaises lui avaient permis de refuser l'évidence de ma laideur. Déjà, pourtant, mon œil droit entrait dans le crépuscule. Il fallut qu'elle s'avouât la vérité. Mon grand-père semblait lui-même tout interdit ; on lui avait confié sa petite merveille, il avait rendu un crapaud : c'était saper à la base ses futurs émerveillements. Mamie le regardait, amusée. Elle dit simplement : « Karl n'est pas fier ; il fait le dos rond. »

Anne-Marie eut la bonté de me cacher la cause de son chagrin. Je ne l'appris qu'à douze ans, brutalement. Mais je me sentais mal dans ma peau. Les amis de ma famille me jetaient des regards soucieux ou perplexes que je surprenais souvent. Mon public devenait de jour en jour plus difficile ; il fallut me

dépenser ; j'appuyai mes effets et j'en vins à jouer
faux. Je connus les affres d'une actrice vieillissante :
j'appris que d'autres pouvaient plaire. Deux souvenirs me sont restés, un peu postérieurs mais frap-
pants.

J'avais neuf ans, il pleuvait ; dans l'hôtel de Noiré-
table, nous étions dix enfants, dix chats dans le même
sac ; pour nous occuper, mon grand-père consentit à
écrire et à mettre en scène une pièce patriotique à dix
personnages. Bernard, l'aîné de la bande, tint le rôle
du père Struthoff, un bourru bienfaisant. Je fus un
jeune Alsacien : mon père avait opté pour la France
et je franchissais la frontière, secrètement, pour aller
le rejoindre. On m'avait ménagé des répliques de
bravoure : j'étendais le bras droit, j'inclinais la tête
et je murmurais, cachant ma joue de prélat dans le
creux de mon épaule : « Adieu, adieu, notre chère
Alsace. » On disait aux répétitions que j'étais à
croquer ; cela ne m'étonnait pas. La représentation
eut lieu au jardin ; deux massifs de fusains et le mur
de l'hôtel délimitaient la scène ; on avait assis les
parents sur des chaises de rotin. Les enfants s'amusaient comme des fous ; sauf moi. Convaincu que le
sort de la pièce était entre mes mains, je m'appliquais
à plaire, par dévouement à la cause commune ; je
croyais tous les yeux fixés sur moi. J'en fis trop ; les
suffrages allèrent à Bernard, moins maniéré. L'ai-je
compris ? A la fin de la représentation, il faisait la
quête : je me glissai derrière lui et tirai sur sa barbe
qui me resta dans la main. C'était une boutade de
vedette, juste pour faire rire ; je me sentais tout
exquis et je sautais d'un pied sur l'autre en brandis-
sant mon trophée. On ne rit pas. Ma mère me prit
par la main et, vivement, m'éloigna : « Qu'est-ce qui

t'a pris ? me demanda-t-elle, navrée. La barbe était si belle ! Tout le monde a poussé un " Oh " de stupidité. » Déjà ma grand-mère nous rejoignait avec les dernières nouvelles : la mère de Bernard avait parlé de jalousie. « Tu vois ce qu'on gagne à se mettre en avant ! » Je m'échappai, je courus à notre chambre, j'allai me planter devant l'armoire à glace et je grimaçai longtemps.

Mme Picard était d'avis qu'un enfant peut tout lire : « Un livre ne fait jamais de mal quand il est bien écrit. » En sa présence, j'avais autrefois demandé la permission de lire *Madame Bovary* et ma mère avait pris sa voix trop musicale : « Mais si mon petit chéri lit ce genre de livres à son âge, qu'est-ce qu'il fera quand il sera grand ? » — « Je les vivrai ! » Cette réplique avait connu le succès le plus franc et le plus durable. Chaque fois qu'elle nous rendait visite, Mme Picard y faisait allusion et ma mère s'écriait, grondeuse et flattée : « Blanche ! Voulez-vous bien vous taire, vous allez me le gâcher ! » J'aimais et je méprisais cette vieille femme pâle et grasse, mon meilleur public ; quand on m'annonçait sa venue, je me sentais du génie : j'ai rêvé qu'elle perdait ses jupes et que je voyais son derrière, ce qui était une façon de rendre hommage à sa spiritualité. En novembre 1915, elle me fit cadeau d'un livret de cuir rouge, doré sur tranches. Nous étions installés, en l'absence de mon grand-père, dans le cabinet de travail ; les femmes parlaient avec animation, un ton plus bas qu'en 1914, parce que c'était la guerre, une sale brume jaune se collait aux fenêtres, ça sentait le tabac refroidi. J'ouvris le carnet et fus d'abord déçu : j'espérais un roman, des contes ; sur des feuillets multicolores, je lus vingt fois le même questionnaire.

« Remplis-le, me dit-elle, et fais-le remplir par tes petits amis : tu te prépareras de beaux souvenirs. » Je compris qu'on m'offrait une chance d'être merveilleux : je tins à répondre sur l'heure, je m'assis au bureau de mon grand-père, posai le carnet sur le buvard de son sous-main, pris son porte-plume à manche de galalithe, le plongeai dans la bouteille d'encre rouge et me mis à écrire pendant que les grandes personnes échangeaient des regards amusés. Je m'étais d'un bond perché plus haut que mon âme pour faire la chasse aux « réponses au-dessus de mon âge ». Malheureusement, le questionnaire n'aidait pas ; on m'interrogeait sur mes goûts et mes dégoûts : quelle était ma couleur préférée, mon parfum favori ? J'inventais sans entrain des prédilections, quand l'occasion de briller se présenta : « Quel est votre vœu le plus cher ? » Je répondis sans hésiter : « Être un soldat et venger les morts. » Puis trop excité pour pouvoir continuer, je sautai sur le sol et portai mon œuvre aux grandes personnes. Les regards s'aiguisèrent, Mme Picard ajusta ses lunettes, ma mère se pencha sur son épaule ; l'une et l'autre avançaient les lèvres avec malice. Les têtes se relevèrent ensemble : ma mère avait rosi, Mme Picard me rendit le livre : « Tu sais, mon petit ami, ce n'est intéressant que si l'on est sincère. » Je crus mourir. Mon erreur saute aux yeux : on réclamait l'enfant prodige, j'avais donné l'enfant sublime. Pour mon malheur, ces dames n'avaient personne au front : le sublime militaire restait sans effet sur leurs âmes modérées. Je disparus, j'allai grimacer devant une glace. Quand je me les rappelle aujourd'hui, ces grimaces, je comprends qu'elles assuraient ma protection : contre les fulgurantes décharges de la honte, je me défendais par un blocage musculaire. Et puis, en portant à l'extrême mon infortune, elles m'en délivraient : je me précipitais dans l'humilité pour esquiver l'humiliation, je m'ôtais les moyens de plaire pour oublier que je les avais eus et que j'en avais mésusé ; le miroir m'était d'un grand secours : je le chargeais de m'apprendre que j'étais un monstre ; s'il y parvenait, mes aigres remords se changeaient en pitié. Mais, surtout, l'échec m'ayant découvert ma servilité, je me faisais hideux pour la rendre impossible, pour renier les hommes et pour qu'ils me reniassent. La Comédie du Mal se jouait contre la Comédie du Bien ; Éliacin prenait le rôle de Quasimodo. Par torsion et plissement combinés, je décomposais mon visage : je me vitriolais pour effacer mes anciens sourires.

Le remède était pire que le mal : contre la gloire et le déshonneur, j'avais tenté de me réfugier dans ma vérité solitaire, mais je n'avais pas de vérité : je ne trouvais en moi qu'une fadeur étonnée. Sous mes yeux, une méduse heurtait la vitre de l'aquarium, fronçait mollement sa collerette, s'effilochait dans les ténèbres. La nuit tomba, des nuages d'encre se diluèrent dans la glace, ensevelissant mon ultime incarnation. Privé d'alibi, je m'affalai sur moi-même. Dans le noir, je devinais une hésitation indéfinie, un frôlement, des battements, toute une bête vivante — la plus terrifiante et la seule dont je ne pusse avoir peur. Je m'enfuis, j'allai reprendre aux lumières mon rôle de chérubin défraîchi. En vain. La glace m'avait appris ce que je savais depuis toujours : j'étais horriblement naturel. Je ne m'en suis jamais remis.

Idolâtré par tous, débouté de chacun, j'étais un laissé-pour-compte et je n'avais, à sept ans, de recours qu'en moi qui n'existais pas encore, palais de glace désert où le siècle naissant mirait son ennui. Je naquis pour combler le grand besoin que j'avais de moi-même ; je n'avais connu jusqu'alors que les vanités d'un chien de salon ; acculé à l'orgueil, je devins l'Orgueilleux. Puisque personne ne me revendiquait *sérieusement,* j'élevai la prétention d'être indispensable à l'Univers. Quoi de plus superbe ? Quoi de plus sot ? En vérité, je n'avais pas le choix. Voyageur clandestin, je m'étais endormi sur la banquette et le contrôleur me secouait. « Votre billet ! » Il me fallait reconnaître que je n'en avais pas. Ni d'argent pour acquitter sur place le prix du voyage. Je commençais par plaider coupable : mes papiers d'identité, je les avais oubliés chez moi, je ne me rappelais même plus comment j'avais trompé la surveillance du poinçonneur, mais j'admettais que je m'étais introduit frauduleusement dans le wagon. Loin de contester l'autorité du contrôleur, je protestais hautement de mon respect pour ses fonctions et je me soumettais d'avance à sa décision. A ce point extrême de l'humilité, je ne pouvais plus me sauver qu'en renversant la situation : je révélais donc que des raisons importantes et secrètes m'appelaient à Dijon, qui intéressaient la France et peut-être l'humanité. A prendre les choses sous ce nouveau jour on n'aurait trouvé personne, dans tout le convoi, qui eût autant que moi le droit d'y occuper une place. Bien sûr il s'agissait d'une loi supérieure qui contredisait le règlement mais, en prenant sur lui d'interrompre mon voyage, le contrôleur provoquerait de

graves complications dont les conséquences retombe-
raient sur sa tête ; je le conjurais de réfléchir : était-il
raisonnable de vouer l'espèce entière au désordre
sous prétexte de maintenir l'ordre dans un train ? Tel
est l'orgueil : le plaidoyer des misérables. Seuls ont le
droit d'être modestes les voyageurs munis de billets.
Je ne savais jamais si j'avais gain de cause : le
contrôleur gardait le silence ; je recommençais mes
explications ; tant que je parlerais j'étais sûr qu'il ne
m'obligerait pas à descendre. Nous restions face à
face, l'un muet, l'autre intarissable, dans le train qui
nous emportait vers Dijon. Le train, le contrôleur et
le délinquant, c'était moi. Et j'étais aussi un quatrième personnage ; celui-là, l'organisateur, n'avait
qu'un seul désir : se duper, fût-ce une minute,
oublier qu'il avait tout mis sur pied. La comédie
familiale me servit : on m'appelait don du ciel, c'était
pour rire et je ne l'ignorais pas ; gavé d'attendrisse-
ments, j'avais la larme facile et le cœur dur : je
voulus devenir un cadeau utile à la recherche de ses
destinataires ; j'offris ma personne à la France, au
monde. Les hommes, je m'en foutais, mais, puisqu'il
fallait en passer par eux, leurs pleurs de joie me
feraient savoir que l'Univers m'accueillait avec
reconnaissance. On pensera que j'avais beaucoup
d'outrecuidance ; non : j'étais orphelin de père. Fils
de personne, je fus ma propre cause, comble
d'orgueil et comble de misère ; j'avais été mis au
monde par l'élan qui me portait vers le bien.
L'enchaînement paraît clair : féminisé par la tendresse maternelle, affadi par l'absence du rude Moïse
qui m'avait engendré, infatué par l'adoration de mon
grand-père, j'étais pur objet, voué par excellence au
masochisme si seulement j'avais pu croire à la

comédie familiale. Mais non ; elle ne m'agitait qu'en surface et le fond restait froid, injustifié ; le système m'horrifia, je pris en haine les pâmoisons heureuses, l'abandon, ce corps trop caressé, trop bouchonné, je me trouvai en m'opposant, je me jetai dans l'orgueil et le sadisme, autrement dit dans la générosité. Celle-ci, comme l'avarice ou le racisme, n'est qu'un baume sécrété pour guérir nos plaies intérieures et qui finit par nous empoisonner : pour échapper au délaissement de la créature, je me préparais la plus irrémédiable solitude bourgeoise : celle du créateur. On ne confondra pas ce coup de barre avec une véritable révolte : on se rebelle contre un bourreau et je n'avais que des bienfaiteurs. Je restai longtemps leur complice. Du reste, c'étaient eux qui m'avaient baptisé don de la Providence : je ne fis qu'employer à d'autres fins les instruments dont je disposais.

Tout se passa dans ma tête ; enfant imaginaire, je me défendis par l'imagination. Quand je revois ma vie, de six à neuf ans, je suis frappé par la continuité de mes exercices spirituels. Ils changèrent souvent de contenu mais le programme ne varia pas ; j'avais fait une fausse entrée, je me retirais derrière un paravent et recommençais ma naissance à point nommé, dans la minute même où l'Univers me réclamait silencieusement.

Mes premières histoires ne furent que la répétition de l'*Oiseau bleu,* du *Chat botté,* des contes de Maurice Bouchor. Elles se parlaient toutes seules, derrière mon front, entre mes arcades sourcilières. Plus tard, j'osai les retoucher, m'y donner un rôle. Elles changèrent de nature ; je n'aimais pas les fées, il y en avait trop autour de moi ; les prouesses remplacèrent la féerie. Je devins un héros ; je dépouillai mes charmes ; il n'était plus question de plaire mais de s'imposer. J'abandonnai ma famille : Karlémami, Anne-Marie furent exclus de mes fantaisies. Rassasié de gestes et d'attitudes, je fis de vrais actes en rêve. J'inventai un univers difficile et mortel — celui de *Cri-Cri,* de *L'Épatant,* de Paul d'Ivoi ; à la place du besoin et du travail, que j'ignorais, je mis le danger. Jamais je ne fus plus éloigné de contester l'ordre établi : assuré d'habiter le meilleur des mondes, je me donnai pour office de le purger de ses monstres ; flic et lyncheur, j'offrais en sacrifice une bande de brigands chaque soir. Je ne fis jamais de guerre préventive ni d'expédition punitive ; je tuais sans plaisir ni colère pour arracher à la mort des jeunes filles. Ces frêles créatures m'étaient indispensables : elles me réclamaient. Il va de soi qu'elles ne pouvaient compter sur mon aide puisqu'elles ne me connaissaient pas. Mais je les jetais dans de si grands périls que personne ne les en eût sorties à moins d'être moi. Quand les janissaires brandissaient leurs cimeterres courbes, un gémissement parcourait le désert et les rochers disaient au sable : « Il y a quelqu'un qui manque ici : c'est Sartre. » A l'instant, j'écartais le paravent, je faisais voler les têtes à coups de sabre, je naissais dans un fleuve de sang. Bonheur d'acier ! J'étais à ma place.

Je naissais pour mourir : sauvée, l'enfant se jetait dans les bras du margrave, son père ; je m'éloignais, il fallait redevenir superflu ou chercher de nouveaux assassins. J'en trouvais. Champion de l'ordre établi, j'avais placé ma raison d'être dans un désordre perpétué ; j'étouffais le Mal dans mes bras, je mourais de sa mort et ressuscitais de sa résurrection ; j'étais un anarchiste de droite. Rien ne transpira de

ces bonnes violences ; je restais servile et zélé : on ne
perd pas si facilement l'habitude de la vertu ; mais,
chaque soir, j'attendais impatiemment la fin de la
bouffonnerie quotidienne, je courais à mon lit, je
boulais ma prière, je me glissais entre mes draps ; il
me tardait de retrouver ma folle témérité. Je vieillis-
sais dans les ténèbres, je devenais un adulte solitaire,
sans père et sans mère, sans feu ni lieu, presque sans
nom. Je marchais sur un toit en flammes, portant
dans mes bras une femme évanouie ; au-dessous de
moi, la foule criait : il était manifeste que l'immeuble
allait crouler. A cet instant je prononçais les mots
fatidiques : « La suite au prochain numéro » —
« Qu'est-ce que tu dis ? » demandait ma mère. Je
répondais prudemment : « Je me laisse en suspens. »
Et le fait est que je m'endormais, au milieu des
périls, dans une délicieuse insécurité. Le lendemain
soir, fidèle au rendez-vous je retrouvais mon toit, les
flammes, une mort certaine. Tout d'un coup, j'avisais
une gouttière que je n'avais pas remarquée la veille.
Sauvés, mon Dieu ! Mais comment m'y accrocher
sans lâcher mon précieux fardeau ? Heureusement, la
jeune femme reprenait ses sens, je la chargeais sur
mon dos, elle nouait ses bras à mon cou. Non, à la
réflexion, je la replongeais dans l'inconscience : si
peu qu'elle eût contribué à son sauvetage, mon
mérite en eût été diminué. Par chance, il y avait cette
corde à mes pieds : j'attachais solidement la victime à
son sauveteur, le reste n'était qu'un jeu. Des Messieurs — le maire, le chef de la police, le capitaine
des pompiers — me recevaient dans leurs bras, me
donnaient des baisers, une médaille, je perdais mon
assurance, je ne savais plus que faire de moi : les
embrassements de ces hauts personnages ressem-

blaient trop à ceux de mon grand-père. J'effaçais tout, je recommençais : c'était la nuit, une jeune fille appelait au secours, je me jetais dans la mêlée... *La suite au prochain numéro.* Je risquais ma peau pour le moment sublime qui changerait une bête de hasard en passant providentiel mais je sentais que je ne survivrais pas à ma victoire et j'étais trop heureux de la remettre au lendemain.

On s'étonnera de rencontrer ces rêves de risque-tout chez un grimaud promis à la cléricature ; les inquiétudes de l'enfance sont métaphysiques ; pour les calmer point n'est besoin de verser le sang. N'ai-je donc jamais souhaité d'être un médecin héroïque et de sauver mes concitoyens de la peste bubonique ou du choléra ? Jamais, je l'avoue. Pourtant je n'étais ni féroce ni guerrier et ce n'est pas ma faute si ce siècle naissant m'a fait épique. Battue, la France fourmillait de héros imaginaires dont les exploits pansaient son amour-propre. Huit ans avant ma naissance, Cyrano de Bergerac avait « éclaté comme une fanfare de pantalons rouges ». Un peu plus tard, l'Aiglon fier et meurtri n'avait eu qu'à paraître pour effacer Fachoda. En 1912, j'ignorais tout de ces hauts personnages mais j'étais en commerce constant avec leurs épigones : j'adorais le Cyrano de la Pègre, Arsène Lupin, sans savoir qu'il devait sa force herculéenne, son courage narquois, son intelligence bien française à notre déculottée de 1870. L'agressivité nationale et l'esprit de revanche faisaient de tous les enfants des vengeurs. Je devins un vengeur comme tout le monde : séduit par la gouaille, par le panache, ces insupportables défauts des vaincus, je raillais les truands avant de leur casser les reins. Mais les guerres m'ennuyaient, j'aimais les doux Alle-

mands qui fréquentaient chez mon grand-père et je
ne m'intéressais qu'aux injustices privées ; dans mon
cœur sans haine, les forces collectives se transformèrent : je les employais à alimenter mon héroïsme
individuel. N'importe ; je suis marqué ; si j'ai commis, dans un siècle de fer, la folle bévue de prendre la
vie pour une épopée, c'est que je suis un petit-fils de
la défaite. Matérialiste convaincu, mon idéalisme
épique compensera jusqu'à ma mort un affront que
je n'ai pas subi, une honte dont je n'ai pas souffert, la
perte de deux provinces qui nous sont revenues
depuis longtemps.

Les bourgeois du siècle dernier n'ont jamais oublié
leur première soirée au théâtre et leurs écrivains se
sont chargés d'en rapporter les circonstances. Quand
le rideau se leva, les enfants se crurent à la cour. Les
ors et les pourpres, les feux, les fards, l'emphase et
les artifices mettaient le sacré jusque dans le crime ;
sur la scène ils virent ressusciter la noblesse qu'a-
vaient assassinée leurs grands-pères. Aux entractes,
l'étagement des galeries leur offrait l'image de la
société ; on leur montra, dans les loges, des épaules
nues et des nobles vivants. Ils rentrèrent chez eux,
stupéfaits, amollis, insidieusement préparés à des
destins cérémonieux, à devenir Jules Favre, Jules
Ferry, Jules Grévy. Je défie mes contemporains de
me citer la date de leur première rencontre avec le
cinéma. Nous entrions à l'aveuglette dans un siècle
sans traditions qui devait trancher sur les autres par
ses mauvaises manières et le nouvel art, l'art roturier,
préfigurait notre barbarie. Né dans une caverne de

voleurs, rangé par l'administration au nombre des divertissements forains, il avait des façons populacières qui scandalisaient les personnes sérieuses ; c'était le divertissement des femmes et des enfants ; nous l'adorions, ma mère et moi, mais nous n'y pensions guère et nous n'en parlions jamais : parle-t-on du pain s'il ne manque pas ? Quand nous nous avisâmes de son existence, il y avait beau temps qu'il était devenu notre principal besoin.

Les jours de pluie, Anne-Marie me demandait ce que je souhaitais faire, nous hésitions longuement entre le cirque, le Châtelet, la Maison Électrique et le Musée Grévin ; au dernier moment, avec une négligence calculée, nous décidions d'entrer dans une salle de projection. Mon grand-père paraissait à la porte de son bureau quand nous ouvrions celle de l'appartement ; il demandait : « Où allez-vous, les enfants ? » — « Au cinéma », disait ma mère. Il fronçait les sourcils et elle ajoutait très vite : « Au cinéma du Panthéon, c'est tout à côté, il n'y a que la rue Soufflot à traverser. » Il nous laissait partir en haussant les épaules ; il dirait le jeudi suivant à M. Simonnot : « Voyons, Simonnot, vous qui êtes un homme sérieux, comprenez-vous ça ? Ma fille mène mon petit-fils au cinéma ! » et M. Simonnot dirait d'une voix conciliante : « Je n'y ai jamais été mais ma femme y va quelquefois. »

Le spectacle était commencé. Nous suivions l'ouvreuse en trébuchant, je me sentais clandestin ; au-dessus de nos têtes, un faisceau de lumière blanche traversait la salle, on y voyait danser des poussières, des fumées ; un piano hennissait, des poires violettes luisaient au mur, j'étais pris à la gorge par l'odeur vernie d'un désinfectant. L'odeur et les fruits de cette nuit habitée se confondaient en moi : je mangeais les lampes de secours, je m'emplissais de leur goût acidulé. Je raclais mon dos à des genoux, je m'asseyais sur un siège grinçant, ma mère glissait une couverture pliée sous mes fesses pour me hausser ; enfin je regardais l'écran, je découvrais une craie fluorescente, des paysages clignotants, rayés par des averses ; il pleuvait toujours, même au gros soleil, même dans les appartements ; parfois un astéroïde en flammes traversait le salon d'une baronne sans qu'elle parût s'en étonner. J'aimais cette pluie, cette inquiétude sans repos qui travaillait la muraille. Le pianiste attaquait l'ouverture de *La Grotte de Fingal* et tout le monde comprenait que le criminel allait paraître : la baronne était folle de peur. Mais son beau visage charbonneux cédait la place à une pancarte mauve : « Fin de la première partie. » C'était la désintoxication brusquée, la lumière. Où étais-je ? Dans une école ? Dans une administration ? Pas le moindre ornement : des rangées de strapontins qui laissaient voir, par en dessous, leurs ressorts, des murs barbouillés d'ocre, un plancher jonché de mégots et de crachats. Des rumeurs touffues remplissaient la salle, on réinventait le langage, l'ouvreuse vendait à la criée des bonbons anglais, ma mère m'en achetait, je les mettais dans ma bouche, je suçais les lampes de secours. Les gens se frottaient les yeux, chacun découvrait ses voisins. Des soldats, les bonnes du quartier ; un vieillard osseux chiquait, des ouvrières en cheveux riaient très fort : tout ce monde n'était pas de notre monde ; heureusement, posés de loin en loin sur ce parterre de têtes, de grands chapeaux palpitants rassuraient.

A feu mon père, à mon grand-père, familiers des

deuxièmes balcons, la hiérarchie sociale du théâtre avait donné le goût du cérémonial : quand beaucoup d'hommes sont ensemble, il faut les séparer par des rites ou bien ils se massacrent. Le cinéma prouvait le contraire : plutôt que par une fête, ce public si mêlé semblait réuni par une catastrophe ; morte, l'étiquette démasquait enfin le véritable lien des hommes, l'adhérence. Je pris en dégoût les cérémonies, j'adorai les foules ; j'en ai vu de toute sorte mais je n'ai retrouvé cette nudité, cette présence sans recul de chacun à tous, ce rêve éveillé, cette conscience obscure du danger d'être homme qu'en 1940, dans le Stalag XII D.

Ma mère s'enhardit jusqu'à me conduire dans les salles du Boulevard : au Kinérama, aux Folies Dramatiques, au Vaudeville, au Gaumont Palace qu'on nommait alors l'Hippodrome. Je vis *Zigomar* et *Fantômas, Les Exploits de Maciste, Les Mystères de New York :* les dorures me gâchaient le plaisir. Le Vaudeville, théâtre désaffecté, ne voulait pas abdiquer son ancienne grandeur : jusqu'à la dernière minute un rideau rouge à glands d'or masquait l'écran ; on frappait trois coups pour annoncer le commencement de la représentation, l'orchestre jouait une couverture, le rideau se levait, les lampes s'éteignaient. J'étais agacé par ce cérémonial incongru, par ces pompes poussiéreuses qui n'avaient d'autre résultat que d'éloigner les personnages ; au balcon, au poulailler, frappés par le lustre, par les peintures du plafond, nos pères ne pouvaient ni ne voulaient croire que le théâtre leur appartenait : ils y étaient reçus. Moi, je voulais voir le film *au plus près*. Dans l'inconfort égalitaire des salles de quartier, j'avais appris que ce nouvel art était à moi, comme à tous. Nous étions du même âge mental : j'avais sept ans et je savais lire, il en avait douze et ne savait pas parler. On disait qu'il était à ses débuts, qu'il avait des progrès à faire ; je pensais que nous grandirions ensemble. Je n'ai pas oublié notre enfance commune : quand on m'offre un bonbon anglais, quand une femme, près de moi, vernit ses ongles, quand je respire, dans les cabinets d'un hôtel provincial, une certaine odeur de désinfectant, quand, dans un train de nuit, je regarde au plafond la veilleuse violette, je retrouve dans mes yeux, dans mes narines, sur ma langue les lumières et les parfums de ces salles disparues ; il y a quatre ans, au large de la grotte de Fingal, par gros temps, j'entendais un piano dans le vent.

Inaccessible au sacré, j'adorais la magie : le cinéma, c'était une apparence suspecte que j'aimais perversement pour ce qui lui manquait encore. Ce ruissellement, c'était tout, ce n'était rien, c'était tout réduit à rien : j'assistais aux délires d'une muraille ; on avait débarrassé les solides d'une massivité qui m'encombrait jusque dans mon corps et mon jeune idéalisme se réjouissait de cette contraction infinie ; plus tard les translations et les rotations des triangles m'ont rappelé le glissement des figures sur l'écran, j'ai aimé le cinéma jusque dans la géométrie plane. Du noir et du blanc, je faisais des couleurs éminentes qui résumaient en elles toutes les autres et ne les révélaient qu'à l'initié ; je m'enchantais de voir l'invisible. Par-dessus tout, j'aimais l'incurable mutisme de mes héros. Ou plutôt non : ils n'étaient pas muets puisqu'ils savaient se faire comprendre. Nous communiquions par la musique, c'était le bruit de leur vie intérieure. L'innocence persécutée faisait mieux que dire ou montrer sa douleur, elle m'en imprégnait par cette mélodie qui sortait d'elle ; je lisais les conversations mais j'entendais l'espoir et l'amertume, je surprenais par l'oreille la douleur fière qui ne se déclare pas. J'étais compromis ; *ce n'était pas moi*, cette jeune veuve qui pleurait sur l'écran et pourtant, nous n'avions, elle et moi, qu'une seule âme : la marche funèbre de Chopin ; il n'en fallait pas plus pour que ses pleurs mouillassent mes yeux. Je me sentais prophète sans rien pouvoir prédire : avant même que le traître eût trahi, son forfait entrait en moi ; quand tout semblait tranquille au château, des accords sinistres dénonçaient la présence de l'assassin. Comme ils étaient heureux, ces cow-boys, ces mousquetaires, ces policiers : leur avenir était là, dans cette musique prémonitoire, et gouvernait le présent. Un chant ininterrompu se confondait avec leurs vies, les entraînait vers la victoire ou vers la mort en s'avançant vers sa propre fin. Ils étaient attendus, eux : par la jeune fille en péril, par le général, par le traître embusqué dans la forêt, par le camarade ligoté près d'un tonneau de poudre et qui regardait tristement la flamme courir le long de la mèche. La course de cette flamme, la lutte désespérée de la vierge contre son ravisseur, la galopade du héros dans la steppe, l'entrecroisement de toutes ces images, de toutes ces vitesses et, par en dessous, le mouvement infernal de la « Course à l'Abîme », morceau d'orchestre tiré de la *Damnation de Faust* et adapté pour le piano, tout cela ne faisait qu'un : c'était la Destinée. Le héros mettait pied à terre, éteignait la mèche, le traître se jetait sur lui, un duel au couteau commençait : mais les hasards de ce duel participaient eux-mêmes à la rigueur du développement musical : c'était de faux hasards qui dissimulaient mal l'ordre universel. Quelle joie, quand le dernier coup de couteau coïncidait avec le dernier accord ! J'étais comblé, j'avais trouvé le monde où je voulais vivre, je touchais à l'absolu. Quel malaise, aussi, quand les lampes se rallumaient : je m'étais déchiré d'amour pour ces personnages et ils avaient disparu, remportant leur monde ; j'avais senti leur victoire dans mes os, pourtant c'était la leur et non la mienne : dans la rue, je me retrouvais surnuméraire.

Je décidai de prendre la parole et de vivre en musique. J'en avais l'occasion chaque soir vers cinq heures. Mon grand-père donnait ses cours à l'Institut des Langues Vivantes ; ma grand-mère, retirée dans sa chambre, lisait du Gyp ; ma mère m'avait fait goûter, elle avait mis le dîner en train, donné les derniers conseils à la bonne ; elle s'asseyait au piano et jouait les Ballades de Chopin, une Sonate de Schumann, les variations symphoniques de Franck, parfois, sur ma demande, l'ouverture de *La Grotte de Fingal*. Je me glissais dans le bureau ; il y faisait déjà sombre, deux bougies brûlaient au piano. La pénombre me servait, je saisissais la règle de mon grand-père, c'était ma rapière, son coupe-papier, c'était ma dague ; je devenais sur-le-champ l'image plate d'un mousquetaire. Parfois, l'inspiration se faisait attendre : pour gagner du temps, je décidais, bretteur illustre, qu'une importante affaire m'obligeait à garder l'incognito. Je devais recevoir les coups sans les rendre et mettre mon courage à feindre la lâcheté. Je tournais dans la pièce, l'œil torve, la tête basse, traînant les pieds ; je marquais par un soubresaut de temps à autre qu'on m'avait lancé une gifle ou botté le derrière, mais je n'avais garde de réagir : je notais le nom de mon insulteur. Prise à dose massive, la musique agissait enfin. Comme un tambour vaudou, le piano m'imposait son rythme. La Fantaisie-Impromptu se substituait à mon âme, elle m'habitait, me donnait un passé inconnu, un avenir fulgurant et mortel ; j'étais possédé, le démon m'avait saisi et me secouait comme un prunier. A cheval ! J'étais cavale et cavalier ; chevauchant et chevauché, je traversais à fond de train des landes, des guérets, le bureau, de la porte à la fenêtre. « Tu fais trop de bruit, les voisins vont se plaindre », disait ma mère sans cesser de jouer. Je ne lui répondais pas puisque j'étais muet. J'avise le duc, je mets pied à terre, je lui fais savoir par les mouvements silencieux de mes lèvres que je le tiens pour un bâtard. Il déchaîne ses reîtres, mes moulinets me font un rempart d'acier ; de temps en temps je transperce une poitrine. Aussitôt, je faisais volte-face, je devenais le spadassin pourfendu, je tombais, je mourais sur le tapis. Puis, je me retirais en douce du cadavre, je me relevais, je reprenais mon rôle de chevalier errant. J'animais tous les personnages : chevalier, je souffletais le duc ; je tournais sur moi-même ; duc, je recevais le soufflet. Mais je n'incarnais pas longtemps les méchants, toujours impatient de revenir au grand premier rôle, à moi-même. Invincible, je triomphais de tous. Mais, comme dans mes récits nocturnes, je renvoyais aux calendes mon triomphe parce que j'avais peur du marasme qui suivrait.

Je protège une jeune comtesse contre le propre frère du Roi. Quelle boucherie ! Mais ma mère a tourné la page ; l'allegro fait place à un tendre adagio ; j'achève le carnage en vitesse, je souris à ma

protégée. Elle m'aime ; c'est la musique qui le dit. Et
moi, je l'aime aussi, peut-être : un cœur amoureux et
lent s'installe en moi. Quand on aime, que fait-on ?
Je lui prenais le bras, je la promenais dans une
prairie : cela ne pouvait suffire. Convoqués en hâte,
les truands et les reîtres me tiraient d'embarras : ils
se jetaient sur nous, cent contre un ; j'en tuais quatre-
vingt-dix, les dix autres enlevaient la comtesse.

C'est le moment d'entrer dans mes années sombres : la femme qui m'aime est captive, j'ai toutes les
polices du royaume à mes trousses ; hors-la-loi,
traqué, misérable, il me reste ma conscience et mon
épée. J'arpentais le bureau d'un air abattu, je
m'emplissais de la tristesse passionnée de Chopin.
Quelquefois, je feuilletais ma vie, je sautais deux ou
trois ans pour m'assurer que tout finirait bien, qu'on
me rendrait mes titres, mes terres, une fiancée
presque intacte et que le Roi me demanderait
pardon. Mais aussitôt, je bondissais en arrière, je
retournais m'établir, deux ou trois ans plus tôt, dans
le malheur. Ce moment me charmait : la fiction se
confondait avec la vérité ; vagabond désolé, à la
poursuite de la justice, je ressemblais comme un
frère à l'enfant désœuvré, embarrassé de lui-même,
en quête d'une raison de vivre, qui rôdait en musique
dans le bureau de son grand-père. Sans abandonner
le rôle, je profitais de la ressemblance pour faire
l'amalgame de nos destins : rassuré sur la victoire
finale, je voyais dans mes tribulations le plus sûr
chemin pour y parvenir ; à travers mon abjection,
j'apercevais la gloire future qui en était la véritable
cause. La sonate de Schumann achevait de me
convaincre : j'étais la créature qui désespère et le
Dieu qui l'a sauvée depuis le commencement du

monde. Quelle joie de pouvoir se désoler à blanc ; j'avais le droit de bouder l'univers. Las de succès trop faciles, je goûtais les délices de la mélancolie, l'âcre plaisir du ressentiment. Objet des soins les plus tendres, gavé, sans désirs, je me précipitais dans un dénuement imaginaire : huit ans de félicité n'avaient abouti qu'à me donner le goût du martyre. Je substituai à mes juges ordinaires, tous prévenus en ma faveur, un tribunal rechigné, prêt à me condamner sans m'entendre : je lui arracherais l'acquittement, des félicitations, une récompense exemplaire. J'avais lu vingt fois, dans la passion, l'histoire de Grisélidis ; pourtant je n'aimais pas souffrir et mes premiers désirs furent cruels : le défenseur de tant de princesses ne se gênait pas pour fesser en esprit sa petite voisine de palier. Ce qui me plaisait dans ce récit peu recommandable, c'était le sadisme de la victime et cette inflexible vertu qui finit par jeter à genoux le mari bourreau. C'est cela que je voulais pour moi : agenouiller les magistrats de force, les contraindre à me révérer pour les punir de leurs préventions. Mais je remettais chaque jour l'acquittement au lendemain ; héros toujours futur, je languissais de désir pour une consécration que je repoussais sans cesse.

Cette double mélancolie, ressentie et jouée, je crois qu'elle traduisait ma déception : mes prouesses, mises bout à bout, n'étaient qu'un chapelet de hasards ; quand ma mère avait plaqué les derniers accords de la Fantaisie-Impromptu, je retombais dans le temps sans mémoire des orphelins privés de père, des chevaliers errants privés d'orphelins ; héros ou écolier, faisant et refaisant les mêmes dictées, les mêmes prouesses, je restais enfermé dans cette geôle : la répétition. Pourtant cela existait, l'avenir, le cinéma me l'avait révélé ; je rêvais d'avoir un destin. Les bouderies de Crisélidis finirent par me lasser : j'avais beau repousser indéfiniment la minute historique de ma glorification, je n'en faisais pas un avenir véritable : ce n'était qu'un présent différé.

Ce fut vers ce moment — 1912 ou 1913 — que je lus *Michel Strogoff*. Je pleurai de joie : quelle vie exemplaire ! Pour montrer sa valeur, cet officier n'avait pas besoin d'attendre le bon plaisir des brigands : un ordre d'en haut l'avait tiré de l'ombre, il vivait pour y obéir et mourait de son triomphe ; car c'était une mort, cette gloire : tournée la dernière page du livre, Michel s'enfermait tout vif dans son petit cercueil doré sur tranches. Pas une inquiétude : il était justifié dès sa première apparition. Ni le moindre hasard : il est vrai qu'il se déplaçait continuellement mais de grands intérêts, son courage, la vigilance de l'ennemi, la nature du terrain, les moyens de communication, vingt autres facteurs, tous donnés d'avance, permettaient à chaque instant de marquer sa position sur la carte. Pas de répétitions : tout changeait, il fallait qu'il se changeât sans cesse ; son avenir l'éclairait, il se guidait sur une étoile. Trois mois plus tard, je relus ce roman avec les mêmes transports ; or je n'aimais pas Michel, je le trouvais trop sage : c'était son destin que je lui jalousais. J'adorais en lui, masqué, le chrétien qu'on m'avait empêché d'être. Le tsar de toutes les Russies, c'était Dieu le Père ; suscité du néant par un décret singulier, Michel, chargé, comme toutes les créatures, d'une mission unique et capitale, traversait notre vallée de larmes, écartant les tentations et franchissant les obstacles, goûtait au martyre, bénéficiait d'un concours surnaturel[1], glorifiait son Créateur puis, au terme de sa tâche, entrait dans l'immortalité. Pour moi, ce livre fut du poison : il y avait donc des élus ? Les plus hautes exigences leur traçaient la route ? La sainteté me répugnait : en Michel Strogoff, elle me fascina parce qu'elle avait pris les dehors de l'héroïsme.

Pourtant je ne changeai rien à mes pantomimes et l'idée de mission resta en l'air, fantôme inconsistant qui n'arrivait pas à prendre corps et dont je ne pouvais me défaire. Bien entendu, mes comparses, les rois de France, étaient à mes ordres et n'attendaient qu'un signe pour me donner les leurs. Je ne leur en demandai point. Si l'on risque sa vie par obéissance, que devient la générosité ? Marcel Dunot, boxeur aux poings de fer, me surprenait chaque semaine en faisant, gracieusement, plus que son devoir ; aveugle, couvert de plaies glorieuses, c'est à peine si Michel Strogoff pouvait dire qu'il avait fait le sien. J'admirais sa vaillance, je réprouvais son humilité : ce brave n'avait que le ciel au-dessus de sa tête ; pourquoi la courbait-il devant le tsar quand c'était au tsar de lui baiser les pieds ? Mais, à moins de s'abaisser, d'où pourrait-on tirer le mandat de vivre ? Cette contradiction me fit tomber dans un profond embarras. J'essayai quelquefois de détourner la difficulté : enfant inconnu j'entendais parler d'une mission dangereuse ; j'allais me jeter aux pieds du roi, je le suppliais de me la confier. Il refusait : j'étais trop jeune, l'affaire était trop grave. Je me relevais, je provoquais en duel et je battais promptement tous ses capitaines. Le souverain se

1. Sauvé par le miracle d'une larme.

rendait à l'évidence : « Va donc, puisque tu le
veux ! » Mais je n'étais pas dupe de mon stratagème
et je me rendais bien compte que je m'étais imposé.
Et puis, tous ces magots me dégoûtaient : j'étais
sans-culotte et régicide, mon grand-père m'avait
prévenu contre les tyrans, qu'ils s'appelassent Louis
XVI ou Badinguet. Surtout, je lisais tous les jours
dans *Le Matin,* le feuilleton de Michel Zévaco : cet
auteur de génie, sous l'influence de Hugo, avait
inventé le roman de cape et d'épée républicain. Ses
héros représentaient le peuple ; ils faisaient et défai-
saient les empires, prédisaient dès le XIVe siècle la
Révolution française, protégeaient par bonté d'âme
des rois enfants ou des rois fous contre leurs ministres, souffletaient les rois méchants. Le plus grand de
tous, Pardaillan, c'était mon maître : cent fois, pour
l'imiter, superbement campé sur mes jambes de coq,
j'ai giflé Henri III et Louis XIII. Allais-je me mettre
à leurs ordres, après cela ? En un mot, je ne pouvais
ni tirer de moi le mandat impératif qui aurait justifié
ma présence sur cette terre ni reconnaître à personne
le droit de me le délivrer. Je repris mes chevauchées,
nonchalamment, je languis dans la mêlée ; massa-
creur distrait, martyr indolent, je restai Grisélidis,
faute d'un tsar, d'un Dieu ou tout simplement d'un
père.

Je menais deux vies, toutes deux mensongères :
publiquement, j'étais un imposteur : le fameux petit-
fils du célèbre Charles Schweitzer ; seul, je m'enlisais
dans une bouderie imaginaire. Je corrigeais ma
fausse gloire par un faux incognito. Je n'avais aucune
peine à passer de l'un à l'autre rôle : à l'instant où
j'allais pousser ma botte secrète, la clé tournait dans
la serrure, les mains de ma mère, soudain paralysées,

s'immobilisaient sur les touches, je reposais la règle dans la bibliothèque et j'allais me jeter dans les bras de mon grand-père, j'avançais son fauteuil, je lui apportais ses chaussons fourrés et je l'interrogeais sur sa journée, en appelant ses élèves par leur nom. Quelle que fût la profondeur de mon rêve, jamais je ne fus en danger de m'y perdre. Pourtant j'étais menacé : ma vérité risquait fort de rester jusqu'au bout l'alternance de mes mensonges.

Il y avait une autre vérité. Sur les terrasses du Luxembourg, des enfants jouaient, je m'approchais d'eux, ils me frôlaient sans me voir, je les regardais avec des yeux de pauvre : comme ils étaient forts et rapides ! comme ils étaient beaux ! Devant ces héros de chair et d'os, je perdais mon intelligence prodigieuse, mon savoir universel, ma musculature athlétique, mon adresse spadassine ; je m'accotais à un arbre, j'attendais. Sur un mot du chef de la bande, brutalement jeté : « Avance, Pardaillan, c'est toi qui feras le prisonnier », j'aurais abandonné mes privilèges. Même un rôle muet m'eût comblé ; j'aurais accepté dans l'enthousiasme de faire un blessé sur une civière, un mort. L'occasion ne m'en fut pas donnée : j'avais rencontré mes vrais juges, mes contemporains, mes pairs, et leur indifférence me condamnait. Je n'en revenais pas de me découvrir par eux : ni merveille ni méduse, un gringalet qui n'intéressait personne. Ma mère cachait mal son indignation : cette grande et belle femme s'arrangeait fort bien de ma courte taille, elle n'y voyait rien que de naturel : les Schweitzer sont grands et les Sartre petits, je tenais de mon père, voilà tout. Elle aimait que je fusse, à huit ans, resté portatif et d'un maniement aisé : mon format réduit passait à ses

yeux pour un premier âge prolongé. Mais, voyant
que nul ne m'invitait à jouer, elle poussait l'amour
jusqu'à deviner que je risquais de me prendre pour
un nain — ce que je ne suis pas tout à fait — et d'en
souffrir. Pour me sauver du désespoir elle feignait
l'impatience : « Qu'est-ce que tu attends, gros
benêt ? Demande-leur s'ils veulent jouer avec toi. »
Je secouais la tête : j'aurais accepté les besognes les
plus basses, je mettais mon orgueil à ne pas les
solliciter. Elle désignait des dames qui tricotaient sur
des fauteuils de fer : « Veux-tu que je parle à leurs
mamans ? » Je la suppliais de n'en rien faire ; elle
prenait ma main, nous repartions, nous allions
d'arbre en arbre et de groupe en groupe, toujours
implorants, toujours exclus. Au crépuscule, je
retrouvais mon perchoir, les hauts lieux où soufflait
l'esprit, mes songes : je me vengeais de mes déconve-
nues par six mots d'enfant et le massacre de cent
reîtres. N'importe : ça ne tournait pas rond.

Je fus sauvé par mon grand-père : il me jeta sans le
vouloir dans une imposture nouvelle qui changea ma
vie.

II

Écrire

Charles Schweitzer ne s'était jamais pris pour un écrivain mais la langue française l'émerveillait encore, à soixante-dix ans, parce qu'il l'avait apprise difficilement et qu'elle ne lui appartenait pas tout à fait : il jouait avec elle, se plaisait aux mots, aimait à les prononcer et son impitoyable diction ne faisait pas grâce d'une syllabe ; quand il avait le temps, sa plume les assortissait en bouquets. Il illustrait volontiers les événements de notre famille et de l'Université par des œuvres de circonstance : vœux de nouvel an, d'anniversaire, compliments aux repas de mariage, discours en vers pour la Saint-Charlemagne, say-nètes, charades, bouts-rimés, banalités affables ; dans les congrès, il improvisait des quatrains, en allemand et en français.

Au début de l'été nous partions pour Arcachon, les deux femmes et moi, avant que mon grand-père eût terminé ses cours. Il nous écrivait trois fois la semaine : deux pages pour Louise, un post-scriptum pour Anne-Marie, pour moi toute une lettre en vers. Pour me faire mieux goûter mon bonheur ma mère apprit et m'enseigna les règles de la prosodie. Quel-qu'un me surprit à gribouiller une réponse versifiée, on me pressa de l'achever, on m'y aida. Quand les deux femmes envoyèrent la lettre, elles rirent aux larmes en pensant à la stupeur du destinataire. Par retour du courrier je reçus un poème à ma gloire ; j'y répondis par un poème. L'habitude était prise, le grand-père et son petit-fils s'étaient unis par un lien nouveau ; ils se parlaient, comme les Indiens, comme les maquereaux de Montmartre, dans une langue interdite aux femmes. On m'offrit un dictionnaire de rimes, je me fis versificateur : j'écrivais des madrigaux pour Vévé, une petite fille blonde qui ne quittait pas sa chaise longue et qui devait mourir quelques années plus tard. La petite fille s'en foutait : c'était un ange ; mais l'admiration d'un large public me consolait de cette indifférence. J'ai retrouvé quelques-uns de ces poèmes. Tous les enfants ont du génie, sauf Minou Drouet, a dit Cocteau en 1955. En 1912, ils en avaient tous sauf moi : j'écrivais par singerie, par cérémonie, pour faire la grande personne : j'écrivais surtout parce que j'étais le petit-fils de Charles Schweitzer. On me donna les fables de La Fontaine ; elles me déplurent : l'auteur en prenait à son aise ; je décidai de les récrire en alexandrins. L'entreprise dépassait mes forces et je crus remarquer qu'elle faisait sourire : ce fut ma dernière expérience poétique. Mais j'étais lancé : je passai des vers à la prose et n'eus pas la moindre peine à réinventer par écrit les aventures passionnantes que je lisais dans *Cri-Cri*. Il était temps : j'allais découvrir l'inanité de mes songes. Au cours de mes chevauchées fantastiques, c'était la réalité que je voulais atteindre. Quand ma mère me demandait, sans détourner les yeux de sa partition : « Poulou, qu'est-ce que tu fais ? » il m'arrivait parfois de rompre mon vœu de silence et de lui répondre : « Je fais du cinéma. » En effet, j'essayais d'arracher les images de ma tête et de les *réaliser* hors de moi, entre de vrais meubles et de vrais murs, éclatantes et visibles autant que celles qui ruisselaient sur les écrans. Vainement ; je ne pouvais plus ignorer ma double imposture : je feignais d'être un acteur feignant d'être un héros.

A peine eus-je commencé d'écrire, je posai ma plume pour jubiler. L'imposture était la même mais j'ai dit que je tenais les mots pour la quintessence des choses. Rien ne me troublait plus que de voir mes pattes de mouche échanger peu à peu leur luisance de feux follets contre la terne consistance de la matière : c'était la réalisation de l'imaginaire. Pris au piège de la nomination, un lion, un capitaine du Second Empire, un Bédouin s'introduisaient dans la salle à manger ; ils y demeureraient à jamais captifs, incorporés par les signes ; je crus avoir ancré mes rêves dans le monde par les grattements d'un bec d'acier. Je me fis donner un cahier, une bouteille d'encre violette, j'inscrivis sur la couverture : « Cahier de romans. » Le premier que je menai à bout, je l'intitulai : « Pour un papillon. » Un savant, sa fille, un jeune explorateur athlétique remontaient le cours de l'Amazone en quête d'un papillon précieux. L'argument, les personnages, le détail des aventures, le titre même, j'avais tout emprunté à un récit en images paru le trimestre précédent. Ce plagiat délibéré me délivrait de mes dernières inquiétudes : tout était forcément vrai puisque je n'inventais rien. Je n'ambitionnais pas d'être publié mais je m'étais arrangé pour qu'on m'eût imprimé d'avance et je ne traçais pas une ligne que mon modèle ne cautionnât.

Me tenais-je pour un copiste ? Non. Mais pour un
auteur original : je retouchais, je rajeunissais ; par
exemple, j'avais pris soin de changer les noms des
personnages. Ces légères altérations m'autorisaient à
confondre la mémoire et l'imagination. Neuves et
tout écrites, des phrases se reformaient dans ma tête
avec l'implacable sûreté qu'on prête à l'inspiration.
Je les transcrivais, elles prenaient sous mes yeux la
densité des choses. Si l'auteur inspiré, comme on
croit communément, est autre que soi au plus profond de soi-même, j'ai connu l'inspiration entre sept
et huit ans.

Je ne fus jamais tout à fait dupe de cette « écriture
automatique ». Mais le jeu me plaisait aussi pour lui-
même : fils unique, je pouvais y jouer seul. Par
moments, j'arrêtais ma main, je feignais d'hésiter
pour me sentir, front sourcilleux, regard halluciné,
un écrivain. J'adorais le plagiat, d'ailleurs, par sno-
bisme et je le poussais délibérément à l'extrême
comme on va voir.

Boussenard et Jules Verne ne perdent pas une
occasion d'instruire : aux instants les plus critiques,
ils coupent le fil du récit pour se lancer dans la
description d'une plante vénéneuse, d'un habitat
indigène. Lecteur, je sautais ces passages didacti-
ques ; auteur, j'en bourrai mes romans ; je prétendis
enseigner à mes contemporains tout ce que j'ignorais : les mœurs des Fuégiens, la flore africaine, le
climat du désert. Séparés par un coup du sort puis
embarqués sans le savoir sur le même navire et
victimes du même naufrage, le collectionneur de
papillons et sa fille s'accrochaient à la même bouée,
levaient la tête, chacun jetait un cri : « Daisy ! »,
« Papa ! ». Hélas un squale rôdait en quête de chair

fraîche, il s'approchait, son ventre brillait entre les vagues. Les malheureux échapperaient-ils à la mort ? J'allais chercher le tome « Pr-Z » du Grand Larousse, je le portais péniblement jusqu'à mon pupitre, l'ouvrais à la bonne page et copiais mot pour mot en passant à la ligne : « Les requins sont communs dans l'Atlantique tropical. Ces grands poissons de mer très voraces atteignent jusqu'à treize mètres de long et pèsent jusqu'à huit tonnes... » Je prenais tout mon temps pour transcrire l'article : je me sentais délicieusement ennuyeux, aussi distingué que Boussenard et, n'ayant pas encore trouvé le moyen de sauver mes héros, je mijotais dans des transes exquises.

Tout destinait cette activité nouvelle à n'être qu'une singerie de plus. Ma mère me prodiguait les encouragements, elle introduisait les visiteurs dans la salle à manger pour qu'ils surprissent le jeune créateur à son pupitre d'écolier ; je feignais d'être trop absorbé pour sentir la présence de mes admirateurs ; ils se retiraient sur la pointe des pieds en murmurant que j'étais trop mignon, que c'était trop charmant. Mon oncle Émile me fit cadeau d'une petite machine à écrire dont je ne me servis pas, Mme Picard m'acheta une mappemonde pour que je pusse fixer sans risque d'erreur l'itinéraire de mes *globe-trotters*. Anne-Marie recopia mon second roman *Le Marchand de bananes* sur du papier glacé, on le fit circuler. Mamie elle-même m'encourageait : « Au moins, disait-elle, il est sage, il ne fait pas de bruit. » Par bonheur la consécration fut différée par le mécontentement de mon grand-père.

Karl n'avait jamais admis ce qu'il appelait mes « mauvaises lectures ». Quand ma mère lui annonça que j'avais commencé d'écrire, il fut d'abord enchanté, espérant, je suppose, une chronique de notre famille avec des observations piquantes et d'adorables naïvetés. Il prit mon cahier, le feuilleta, fit la moue et quitta la salle à manger, outré de retrouver sous ma plume les « bêtises » de mes journaux favoris. Par la suite, il se désintéressa de mon œuvre. Mortifiée, ma mère essaya plusieurs fois de lui faire lire par surprise *Le Marchand de bananes*. Elle attendait qu'il eût mis ses chaussons et qu'il se fût assis dans son fauteuil ; pendant qu'il se reposait en silence, l'œil fixe et dur, les mains sur les genoux, elle s'emparait de mon manuscrit, le feuilletait distraitement puis, soudain captivée, se mettait à rire toute seule. Pour finir, dans un irrésistible emportement, elle le tendait à mon grand-père : « Lis donc, papa ! C'est *trop* drôle. » Mais il écartait le cahier de la main ou bien, s'il y donnait un coup d'œil, c'était pour relever avec humeur mes fautes d'orthographe. A la longue ma mère fut intimidée : n'osant plus me féliciter et craignant de me faire de la peine, elle cessa de lire mes écrits pour n'avoir plus à m'en parler.

A peine tolérées, passées sous silence, mes activités littéraires tombèrent dans une semi-clandestinité ; je les poursuivais, néanmoins, avec assiduité : aux heures de récréation, le jeudi et le dimanche, aux vacances et, quand j'avais la chance d'être malade, dans mon lit ; je me rappelle des convalescences heureuses, un cahier noir à tranche rouge que je prenais et quittais comme une tapisserie. Je fis moins de cinéma : mes romans me tenaient lieu de tout. Bref, j'écrivis pour mon plaisir.

Mes intrigues se compliquèrent, j'y fis entrer les

épisodes les plus divers, je déversai toutes mes lectures, les bonnes et les mauvaises, pêle-mêle, dans ces fourre-tout. Les récits en souffrirent ; ce fut un gain, pourtant : il fallut inventer des raccords, et, du coup, je devins un peu moins plagiaire. Et puis, je me dédoublai. L'année précédente, quand je « faisais du cinéma », je jouais mon propre rôle, je me jetais à corps perdu dans l'imaginaire et j'ai pensé plus d'une fois m'y engouffrer tout entier. Auteur, le héros c'était encore moi, je projetais en lui mes rêves épiques. Nous étions deux, pourtant : il ne portait pas mon nom et je ne parlais de lui qu'à la troisième personne. Au lieu de lui prêter mes gestes, je lui façonnais par des mots un corps que je prétendis voir. Cette « distanciation » soudaine aurait pu m'effrayer : elle me charma ; je me réjouis d'être *lui* sans qu'il fût tout à fait moi. C'était ma poupée, je le pliais à mes caprices, je pouvais le mettre à l'épreuve, lui percer le flanc d'un coup de lance et puis le soigner comme me soignait ma mère, le guérir comme elle me guérissait. Mes auteurs favoris, par un reste de vergogne, s'arrêtaient à mi-chemin du sublime : même chez Zévaco, jamais preux ne défit plus de vingt truands à la fois. Je voulus radicaliser le roman d'aventures, je jetai par-dessus bord la vraisemblance, je décuplai les ennemis, les dangers : pour sauver son futur beau-père et sa fiancée, le jeune explorateur de *Pour un papillon* lutta trois jours et trois nuits contre les requins ; à la fin la mer était rouge ; le même, blessé, s'évada d'un ranch assiégé par les Apaches, traversa le désert en tenant ses tripes dans ses mains, et refusa qu'on le recousît avant qu'il eût parlé au général. Un peu plus tard, sous le nom de Gœtz von Berlichingen, le même

encore mit en déroute une armée. Un contre tous :
c'était ma règle ; qu'on cherche la source de cette
rêverie morne et grandiose dans l'individualisme
bourgeois et puritain de mon entourage.

Héros, je luttais contre les tyrannies ; démiurge, je
me fis tyran moi-même, je connus toutes les tentations du pouvoir. J'étais inoffensif, je devins
méchant. Qu'est-ce qui m'empêchait de crever les
yeux de Daisy ? Mort de peur, je me répondais : rien.
Et je les lui crevais comme j'aurais arraché les ailes
d'une mouche. J'écrivais, le cœur battant : « Daisy
passa la main sur ses yeux : elle était devenue
aveugle » et je restais saisi, la plume en l'air : j'avais
produit dans l'absolu un petit événement qui me
compromettait délicieusement. Je n'étais pas vraiment sadique : ma joie perverse se changeait tout de
suite en panique, j'annulais tous mes décrets, je les
surchargeais de ratures pour les rendre indéchiffrables : la jeune fille recouvrait la vue ou plutôt elle ne
l'avait jamais perdue. Mais le souvenir de mes
caprices me tourmentait longtemps : je me donnais
de sérieuses inquiétudes.

Le monde écrit lui aussi m'inquiétait : parfois,
lassé des doux massacres pour enfants, je me laissais
couler, je découvrais dans l'angoisse des possibilités
effroyables, un univers monstrueux qui n'était que
l'envers de ma toute-puissance ; je me disais : tout
peut arriver ! et cela voulait dire : je peux tout
imaginer. Tremblant, toujours sur le point de déchi-
rer ma feuille, je racontais des atrocités surnatu-
relles. Ma mère, s'il lui arrivait de lire par-dessus
mon épaule, jetait un cri de gloire et d'alarme :
« Quelle imagination ! » Elle mordillait ses lèvres,
voulait parler, ne trouvait rien à dire et s'enfuyait

brusquement : sa déroute mettait le comble à mon angoisse. Mais l'imagination n'était pas en cause : je n'inventais pas ces horreurs, je les trouvais, comme le reste, dans ma mémoire.

A cette époque, l'Occident mourait d'asphyxie : c'est ce qu'on appela « douceur de vivre ». Faute d'ennemis visibles, la bourgeoisie prenait plaisir à s'effrayer de son ombre ; elle troquait son ennui contre une inquiétude dirigée. On parlait de spiritisme, d'ectoplasmes ; rue Le Goff, au numéro 2, face à notre immeuble, on faisait tourner les tables. Cela se passait au quatrième étage : « chez le mage », disait ma grand-mère. Parfois, elle nous appelait et nous arrivions à temps pour voir des paires de mains sur un guéridon mais quelqu'un s'approchait de la fenêtre et tirait les rideaux. Louise prétendait que ce mage recevait chaque jour des enfants de mon âge, conduits par leurs mères. « Et, disait-elle, je le vois : il leur fait l'imposition des mains. » Mon grand-père hochait la tête mais, bien qu'il condamnât ces pratiques, il n'osait les tourner en dérision ; ma mère en avait peur, ma grand-mère, pour une fois, semblait plus intriguée que sceptique. Finalement, ils tombaient d'accord : « Il ne faut surtout pas s'occuper de ça, ça rend fou ! » La mode était aux histoires fantastiques ; les journaux bien pensants en fournissaient deux ou trois par semaine à ce public déchristianisé qui regrettait les élégances de la foi. Le narrateur rapportait en toute objectivité un fait troublant ; il laissait une chance au positivisme : pour étrange qu'il fût, l'événement devait comporter une explication rationnelle. Cette explication, l'auteur la cherchait, la trouvait, nous la présentait loyalement. Mais, tout aussitôt, il mettait son art à nous en faire mesurer l'insuffisance et la légèreté. Rien de plus : le conte s'achevait sur une interrogation. Mais cela suffisait : l'Autre Monde était là, d'autant plus redoutable qu'on ne le nommait point.

Quand j'ouvrais *Le Matin,* l'effroi me glaçait. Une histoire entre toutes me frappa. Je me rappelle encore son titre : « Du vent dans les arbres. » Un soir d'été, une malade, seule au premier étage d'une maison de campagne, se tourne et se retourne dans son lit ; par la fenêtre ouverte, un marronnier pousse ses branches dans la chambre. Au rez-de-chaussée plusieurs personnes sont réunies, elles causent et regardent la nuit tomber sur le jardin. Tout à coup quelqu'un montre le marronnier : « Tiens, tiens ! Mais il y a donc du vent ? » On s'étonne, on sort sur le perron : pas un souffle ; pourtant le feuillage s'agite. A cet instant, un cri ! le mari de la malade se jette dans l'escalier et trouve sa jeune épouse dressée sur le lit, qui désigne l'arbre du doigt et tombe morte ; le marronnier a retrouvé sa stupeur coutumière. Qu'a-t-elle vu ? Un fou s'est échappé de l'asile : ce sera lui, caché dans l'arbre, qui aura montré sa face grimaçante. C'est lui, il *faut* que ce soit lui par la raison qu'aucune autre explication ne peut satisfaire. Et pourtant... Comment ne l'a-t-on pas vu monter ? Ni descendre ? Comment les chiens n'ont-ils pas aboyé ? Comment a-t-on pu l'arrêter, six heures plus tard, à cent kilomètres de la propriété ? Questions sans réponse. Le conteur passait à la ligne et négligemment concluait : « S'il faut en croire les gens du village, c'était la Mort qui secouait les branches du marronnier. » Je rejetai le journal, je frappai du pied, je dis à haute voix : « Non ! Non ! » Mon cœur battait à se rompre. Je pensai m'évanouir un jour, dans le train de Limoges, en feuilletant l'almanach Hachette : j'étais tombé sur une gravure à faire dresser les cheveux : un quai sous la lune, une longue pince rugueuse sortait de l'eau, accrochait un ivrogne, l'entraînait au fond du bassin. L'image illustrait un texte que je lus avidement et qui se terminait — ou presque — par ces mots : « Était-ce une hallucination d'alcoolique ? L'Enfer s'était-il entrouvert ? » J'eus peur de l'eau, peur des crabes et des arbres. Peur des livres surtout : je maudis les bourreaux qui peuplaient leurs récits de ces figures atroces. Pourtant je les imitai.

Il fallait, bien sûr, une occasion. Par exemple, la tombée du jour : l'ombre noyait la salle à manger, je poussais mon petit bureau contre la fenêtre, l'angoisse renaissait, la docilité de mes héros, imman- quablement sublimes, méconnus et réhabilités, révé- lait leur inconsistance ; alors *ça* venait : un être vertigineux me fascinait, invisible : pour le voir il fallait le décrire. Je terminai vivement l'aventure en cours, j'emmenai mes personnages en une tout autre région du globe, en général sous-marine ou souter- raine, je me hâtai de les exposer à de nouveaux dangers : scaphandriers ou géologues improvisés, ils trouvaient la trace de l'Être, la suivaient et, tout à coup, le rencontraient. Ce qui venait alors sous ma plume — pieuvre aux yeux de feu, crustacé de vingt tonnes, araignée géante et qui parlait — c'était moi- même, monstre enfantin, c'était mon ennui de vivre, ma peur de mourir, ma fadeur et ma perversité. Je ne me reconnaissais pas : à peine enfantée, la créature immonde se dressait contre moi, contre mes coura- geux spéléologues, je craignais pour leur vie, mon cœur s'emballait, j'oubliais ma main, traçant les mots, je croyais les lire. Très souvent les choses en restaient là : je ne livrais pas les hommes à la Bête mais je ne les tirais pas non plus d'affaire ; il suffisait, en somme, que je les eusse mis en contact ; je me levais, j'allais à la cuisine, à la bibliothèque ; le lendemain, je laissais une ou deux pages blanches et lançais mes personnages dans une nouvelle entreprise. Étranges « romans », toujours inachevés, toujours recommencés ou continués, comme on voudra, sous d'autres titres, bric-à-brac de contes noirs et d'aventures blanches, d'événements fantastiques et d'articles de dictionnaire ; je les ai perdus et je me dis parfois que c'est dommage : si je m'étais avisé de les mettre sous clef, ils me livreraient toute mon enfance.

Je commençais à me découvrir. Je n'étais presque rien, tout au plus une activité sans contenu, mais il n'en fallait pas davantage. J'échappais à la comédie : je ne travaillais pas encore mais déjà je ne jouais plus, le menteur trouvait sa vérité dans l'élaboration de ses mensonges. Je suis né de l'écriture : avant elle, il n'y avait qu'un jeu de miroirs ; dès mon premier roman, je sus qu'un enfant s'était introduit dans le palais de glaces. Écrivant, j'existais, j'échappais aux grandes personnes ; mais je n'existais que pour écrire et si je disais : moi, cela signifiait : moi qui écris. N'importe : je connus la joie ; l'enfant public se donna des rendez-vous privés.

C'était trop beau pour durer : je serais resté sincère si je m'étais maintenu dans la clandestinité ; on m'en arracha. J'atteignais l'âge où l'on est convenu que les enfants bourgeois donnent les premières marques de leur vocation, on nous avait fait savoir depuis longtemps que mes cousins Schweitzer, de Guérigny, seraient ingénieurs comme leur père : il n'y avait plus une minute à perdre. Mme Picard voulut être la première à découvrir le signe que je portais au front. « Ce petit écrira ! » dit-elle avec conviction. Agacée, Louise fit son petit sourire sec ; Blanche Picard se tourna vers elle et répéta sévèrement : « Il écrira ! Il est fait pour écrire. » Ma mère savait que Charles ne m'encourageait guère : elle craignit des complications et me considéra d'un œil myope : « Vous croyez, Blanche ? Vous croyez ! » Mais le soir, comme je bondissais sur mon lit, en chemise, elle me serra fortement les épaules et me dit en souriant : « Mon petit bonhomme écrira ! » Mon grand-père fut informé prudemment : on craignait un éclat. Il se contenta de hocher la tête et je l'entendis confier à M. Simonnot, le jeudi suivant, que personne, au soir de la vie, n'assistait sans émotion à l'éveil d'un talent. Il continua d'ignorer mes gribouillages mais, quand ses élèves allemands venaient dîner à la maison, il posait sa main sur mon crâne et répétait, en détachant les syllabes pour ne pas perdre une occasion de leur enseigner des locutions françaises par la méthode directe : « Il a la bosse de la littérature. »

Il ne croyait pas un mot de ce qu'il disait, mais quoi ? Le mal était fait ; à me heurter de front on risquait de l'aggraver : je m'opiniâtrerais peut-être. Karl proclama ma vocation pour garder une chance de m'en détourner. C'était le contraire d'un cynique mais il vieillissait : ses enthousiasmes le fatiguaient ; au fond de sa pensée, dans un froid désert peu visité, je suis sûr qu'*on* savait à quoi s'en tenir sur moi, sur la famille, sur lui. Un jour que je lisais, couché entre ses pieds, au milieu de ces interminables silences pétrifiés qu'il nous imposait, une idée le traversa, qui lui fit oublier ma présence ; il regarda ma mère avec reproche : « Et s'il se mettait en tête de vivre de sa plume ? » Mon grand-père appréciait Verlaine dont il possédait un choix de poèmes. Mais il croyait l'avoir vu, en 1894, entrer « saoul comme un cochon » dans un mastroquet de la rue Saint-Jacques : cette rencontre l'avait ancré dans le mépris des écrivains professionnels, thaumaturges dérisoires qui demandent un louis d'or pour faire voir la lune et finissent par montrer, pour cent sous, leur derrière. Ma mère prit l'air effrayé mais ne répondit pas : elle savait que Charles avait d'autres vues sur moi. Dans la plupart des lycées, les chaires de langue allemande étaient occupées par des Alsaciens qui avaient opté pour la France et dont on avait voulu récompenser le patriotisme : pris entre deux nations, entre deux langages, ils avaient fait des études irrégulières et leur culture avait des trous ; ils en souffraient ; ils se plaignaient aussi que l'hostilité de leurs collègues les tînt à l'écart de la communauté enseignante. Je serais leur vengeur, je vengerais mon grand-père : petit-fils d'Alsacien, j'étais en même temps Français de France ; Karl me ferait acquérir un savoir universel, je prendrais la voie royale : en ma personne l'Alsace martyre entrerait à l'École normale supérieure, passerait brillamment le concours d'agrégation, deviendrait ce prince : un professeur de lettres. Un soir, il annonça qu'il voulait me parler d'homme à homme, les femmes se retirèrent, il me prit sur ses genoux et m'entretint gravement. J'écrirais, c'était une affaire entendue ; je devais le connaître assez pour ne pas redouter qu'il contrariât mes désirs. Mais il fallait regarder les choses en face, avec lucidité : la littérature ne nourrissait pas. Savais-je que des écrivains fameux étaient morts de faim ? Que d'autres, pour manger, s'étaient vendus ? Si je voulais garder mon indépendance, il convenait de choisir un second métier. Le professorat laissait des loisirs ; les préoccupations des universitaires rejoignent celles des littérateurs : je passerais constamment d'un sacerdoce à l'autre ; je vivrais dans le commerce des grands auteurs ; d'un même mouvement, je révélerais leurs ouvrages à mes élèves et j'y puiserais mon inspiration. Je me distrairais de ma solitude provinciale en composant des poèmes, une traduction d'Horace en vers blancs, je donnerais aux journaux locaux de courts billets littéraires, à la *Revue pédagogique* un essai brillant sur l'enseignement du grec, un autre sur la psychologie des adolescents ; à ma mort on trouverait des inédits dans mes tiroirs, une méditation sur la mer, une comédie en un acte, quelques pages érudites et sensibles sur les monuments d'Aurillac, de quoi faire une plaquette qui serait publiée par les soins de mes anciens élèves.

Depuis quelque temps, quand mon grand-père s'extasiait sur mes vertus, je restais de glace ; la voix qui tremblait d'amour en m'appelant « cadeau du Ciel », je feignais encore de l'écouter mais j'avais fini par ne plus l'entendre. Pourquoi lui ai-je prêté l'oreille ce jour-là, au moment qu'elle mentait le plus délibérément ? Par quel malentendu lui ai-je fait dire le contraire de ce qu'elle prétendait m'apprendre ? C'est qu'elle avait changé : asséchée, durcie, je la **pris pour** celle de l'absent qui m'avait donné le jour. Charles avait deux visages : quand il jouait au grand-père, je le tenais pour un bouffon de mon espèce et ne le respectais pas. Mais s'il parlait à M. Simonnot, à ses fils, s'il se faisait servir par ses femmes à table, en désignant du doigt, sans un mot, l'huilier ou la corbeille à pain, j'admirais son autorité. Le coup de l'index, surtout, m'en imposait : il prenait soin de ne pas le tendre, de le promener vaguement dans les airs, à demi ployé, pour que la désignation demeurât imprécise et que ses deux servantes eussent à deviner ses ordres ; parfois, exaspérée, ma grand-mère se trompait et lui offrait le compotier quand il demandait à boire : je blâmais ma grand-mère, je m'inclinais devant ces désirs royaux qui voulaient être prévenus plus encore que comblés. Si Charles se fût écrié de loin, en ouvrant les bras : « Voici le nouvel Hugo, voici Shakespeare en herbe ! », je serais aujourd'hui dessinateur industriel ou professeur de lettres. Il s'en garda bien : pour la première fois j'eus affaire au patriarche ; il semblait morose et d'autant plus vénérable qu'il avait oublié de m'adorer. C'était Moïse dictant la loi nouvelle. Ma loi. Il n'avait mentionné ma vocation que pour en souligner les désavantages : j'en conclus qu'il la tenait pour acquise. M'eût-il prédit que je tremperais mon papier de mes larmes ou que je me roulerais sur le tapis, ma modération bourgeoise se fût effarouchée. Il me convainquit de ma vocation en me faisant comprendre que ces fastueux désordres ne m'étaient pas réservés : pour traiter d'Aurillac ou de la pédagogie, point n'était besoin de fièvre, hélas, ni de tumulte ; les immortels sanglots du XXe siècle, d'autres se chargeraient de les pousser. Je me résignai à n'être jamais tempête ni foudre, à briller dans la littérature par des qualités domestiques, par ma gentillesse et mon application. Le métier d'écrire m'apparut

comme une activité de grande personne, si lourde-
ment sérieuse, si futile et, dans le fond, si dépourvue
d'intérêt que je ne doutai pas un instant qu'elle me
fût réservée ; je me dis à la fois : « ce n'est que ça » et
« je suis doué ». Comme tous les songe-creux. je
confondis le désenchantement avec la vérité.

Karl m'avait retourné comme une peau de lapin :
j'avais cru n'écrire que pour fixer mes rêves quand je
ne rêvais, à l'en croire, que pour exercer ma plume :
mes angoisses, mes passions imaginaires n'étaient
que les ruses de mon talent, elles n'avaient d'autre
office que de me ramener chaque jour à mon pupitre
et de me fournir les thèmes de narration qui conve-
naient à mon âge en attendant les grandes dictées de
l'expérience et la maturité. Je perdis mes illusions
fabuleuses : « Ah ! disait mon grand-père, ce n'est
pas tout que d'avoir des yeux, il faut apprendre à s'en
servir. Sais-tu ce que faisait Flaubert quand Maupassant était petit ? Il l'installait devant un arbre et lui
donnait deux heures pour le décrire. » J'appris donc
à voir. Chantre prédestiné des édifices aurilliaciens, je
regardais avec mélancolie ces autres monuments : le
sous-main, le piano, la pendule qui seraient eux aussi
— pourquoi pas ? — immortalisés par mes pensums
futurs. J'observai. C'était un jeu funèbre et déce-
vant : il fallait se planter devant le fauteuil en velours
frappé et l'inspecter. Qu'y avait-il à dire ? Eh bien,
qu'il était recouvert d'une étoffe verte et râpeuse,
qu'il avait deux bras, quatre pieds, un dossier surmonté de deux petites pommes de pin en bois. C'était
tout pour l'instant mais j'y reviendrais, je ferais
mieux la prochaine fois, je finirais par le connaître
sur le bout du doigt ; plus tard, je le décrirais, les
lecteurs diraient : « Comme c'est bien observé,

comme c'est vu, comme c'est ça ! Voilà des traits qu'on n'invente pas ! » Peignant de vrais objets avec de vrais mots tracés par une vraie plume, ce serait bien le diable si je ne devenais pas vrai moi aussi. Bref je savais, une fois pour toutes, ce qu'il fallait répondre aux contrôleurs qui me demanderaient mon billet.

On pense bien que j'appréciais mon bonheur ! L'ennui, c'est que je n'en jouissais pas. J'étais titularisé, on avait eu la bonté de me donner un avenir et je le proclamais enchanteur mais, sournoisement, je l'abominais. L'avais-je demandée, moi, cette charge de greffier ? La fréquentation des grands hommes m'avait convaincu qu'on ne saurait être écrivain sans devenir illustre ; mais, quand je comparais la gloire qui m'était échue aux quelques opuscules que je laisserais derrière moi, je me sentais mystifié : pouvais-je croire en vérité que mes petits-neveux me reliraient encore et qu'ils s'enthousiasmeraient pour une œuvre si mince, pour des sujets qui m'ennuyaient d'avance ? Je me disais parfois que je serais sauvé de l'oubli par mon « style », cette énigmatique vertu que mon grand-père déniait à Stendhal et reconnaissait à Renan : mais ces mots dépourvus de sens ne parvenaient pas à me rassurer.

Surtout, il fallut renoncer à moi-même. Deux mois plus tôt, j'étais un bretteur, un athlète : fini ! Entre Corneille et Pardaillan, on me sommait de choisir. J'écartai Pardaillan que j'aimais d'amour ; par humilité j'optai pour Corneille. J'avais vu les héros courir et lutter au Luxembourg ; terrassé par leur beauté, j'avais compris que j'appartenais à l'espèce inférieure. Il fallut le proclamer, remettre l'épée au fourreau, rejoindre le bétail ordinaire, renouer avec les grands écrivains, ces foutriquets qui ne m'intimidaient pas : ils avaient été des enfants rachitiques, en cela au moins je leur ressemblais ; ils étaient devenus des adultes malingres, des vieillards catarrheux, je leur ressemblerais en cela ; un noble avait fait rosser Voltaire et je serais cravaché, peut-être, par un capitaine, ancien fier-à-bras de jardin public.

Je me crus doué par résignation : dans le bureau de Charles Schweitzer, au milieu de livres éreintés, débrochés, dépareillés, le talent était la chose du monde la plus dépréciée. Ainsi, sous l'Ancien Régime, bien des cadets se seraient damnés pour commander un bataillon, qui étaient voués de naissance à la cléricature. Une image a résumé longtemps à mes yeux les fastes sinistres de la notoriété : une longue table recouverte d'une nappe blanche portait des carafons d'orangeade et des bouteilles de mousseux, je prenais une coupe, des hommes en habit qui m'entouraient — ils étaient bien quinze — portaient un toast à ma santé, je devinais derrière nous l'immensité poussiéreuse et déserte d'une salle en location. On voit que je n'attendais plus rien de la vie sinon qu'elle ressuscitât pour moi, sur le tard, la fête annuelle de l'Institut des Langues Vivantes.

Ainsi s'est forgé mon destin, au numéro un de la rue Le Goff, dans un appartement du cinquième étage, au-dessous de Goethe et de Schiller, au-dessus de Molière, de Racine, de La Fontaine, face à Henri Heine, à Victor Hugo, au cours d'entretiens cent fois recommencés : Karl et moi nous chassions les femmes, nous nous embrassions étroitement, nous poursuivions de bouche à oreille ces dialogues de sourds dont chaque mot me marquait. Par petites touches bien placées, Charles me persuadait que je n'avais pas de génie. Je n'en avais pas, en effet, je le savais, je m'en foutais ; absent, impossible, l'héroïsme faisait l'unique objet de ma passion : c'est la flambée des âmes pauvres, ma misère intérieure et le sentiment de ma gratuité m'interdisaient d'y renoncer tout à fait. Je n'osais plus m'enchanter de ma geste future mais dans le fond j'étais terrorisé : on avait dû se tromper d'enfant ou de vocation. Perdu, j'acceptai, pour obéir à Karl, la carrière appliquée d'un écrivain mineur. Bref, il me jeta dans la littérature par le soin qu'il mit à m'en détourner : au point qu'il m'arrive aujourd'hui encore, de me demander, quand je suis de mauvaise humeur, si je n'ai pas consommé tant de jours et tant de nuits, couvert tant de feuillets de mon encre, jeté sur le marché tant de livres qui n'étaient souhaités par personne, dans l'unique et fol espoir de plaire à mon grand-père. Ce serait farce : à plus de cinquante ans, je me trouverais embarqué, pour accomplir les volontés d'un très vieux mort, dans une entreprise qu'il ne manquerait pas de désavouer.

En vérité, je ressemble à Swann guéri de son amour et soupirant : « Dire que j'ai gâché ma vie pour une femme qui n'était pas mon genre ! » Parfois, je suis mufle en secret : c'est une hygiène rudimentaire. Or le mufle a toujours raison mais jusqu'à un certain point. Il est vrai que je ne suis pas doué pour écrire ; on me l'a fait savoir, on m'a traité de fort en thème : j'en suis un ; mes livres sentent la sueur et la peine, j'admets qu'ils puent au nez de nos aristocrates ; je les ai souvent faits contre moi, ce qui veut dire contre tous[1], dans une contention d'esprit qui a fini par devenir une hypertension de mes artères. On m'a cousu mes commandements sous la peau : si je reste un jour sans écrire, la cicatrice me brûle ; si j'écris trop aisément, elle me brûle aussi. Cette exigence fruste me frappe aujourd'hui par sa raideur, par sa maladresse : elle ressemble à ces crabes préhistoriques et solennels que la mer porte sur les plages de Long Island ; elle survit, comme eux, à des temps révolus. Longtemps j'ai envié les concierges de la rue Lacépède, quand le soir et l'été les font sortir sur le trottoir, à califourchon sur leurs chaises : leurs yeux innocents voyaient sans avoir mission de regarder.

Seulement voilà : à part quelques vieillards qui trempent leur plume dans l'eau de Cologne et de petits dandies qui écrivent comme des bouchers, les forts en version n'existent pas. Cela tient à la nature du Verbe : on parle dans sa propre langue, on écrit en langue étrangère. J'en conclus que nous sommes tous pareils dans notre métier : tous bagnards, tous tatoués. Et puis le lecteur a compris que je déteste mon enfance et tout ce qui en survit : la voix de mon grand-père, cette voix enregistrée qui m'éveille en sursaut et me jette à ma table, je ne l'écouterais pas si ce n'était la mienne, si je n'avais, entre huit et dix ans, repris à mon compte dans l'arrogance, le mandat soi-disant impératif que j'avais reçu dans l'humilité.

---

1. Soyez complaisant à vous-même, les autres complaisants vous aimeront ; déchirez votre voisin, les autres voisins riront. Mais si vous battez votre âme, toutes les âmes crieront.

> *Je sais fort bien que je ne suis qu'une*
> *machine à faire des livres.*
>
> Chateaubriand.

J'ai failli déclarer forfait. Le don que Karl me reconnaissait du bout des lèvres, jugeant maladroit de le dénier tout à fait, je n'y voyais au fond qu'un hasard incapable de légitimer cet autre hasard, moi-même. Ma mère avait une belle voix, *donc* elle chantait. Elle n'en voyageait pas moins sans billet. Moi, j'avais la bosse de la littérature, donc j'écrirais, j'exploiterais ce filon toute ma vie. D'accord. Mais l'Art perdait — pour moi du moins — ses pouvoirs sacrés, je resterais vagabond — un peu mieux nanti, c'est tout. Pour que je me sentisse nécessaire, il eût fallu qu'on me réclamât. Ma famille m'avait entretenu quelque temps dans cette illusion ; on m'avait répété que j'étais un don du Ciel, très attendu, indispensable à mon grand-père, à ma mère : je n'y croyais plus mais j'avais gardé le sentiment qu'on naît superflu à moins d'être mis au monde spécialement pour combler une attente. Mon orgueil et mon délaissement étaient tels, à l'époque, que je souhaitais être mort ou requis par toute la terre.

Je n'écrivais plus : les déclarations de Mme Picard avaient donné aux soliloques de ma plume une telle importance que je n'osais plus les poursuivre. Quand je voulus reprendre mon roman, sauver au moins le jeune couple que j'avais laissé sans provisions ni casque colonial au beau milieu du Sahara, je connus les affres de l'impuissance. A peine assis, ma tête s'emplissait de brouillard, je mordillais mes ongles en grimaçant : j'avais perdu l'innocence. Je me relevais, je rôdais dans l'appartement avec une âme d'incendiaire ; hélas, je n'y mis jamais le feu : docile par condition, par goût, par coutume, je ne suis venu, plus tard, à la rébellion que pour avoir poussé la soumission à l'extrême. On m'acheta un « cahier de devoirs », recouvert de toile noire avec des tranches rouges : aucun signe extérieur ne le distinguait de mon « cahier de romans » : à peine l'eus-je regardé, mes devoirs scolaires et mes obligations personnelles fusionnèrent, j'identifiai l'auteur à l'élève, l'élève au futur professeur, c'était tout un d'écrire et d'enseigner la grammaire ; ma plume, socialisée, me tomba de la main et je restai plusieurs mois sans la ressaisir. Mon grand-père souriait dans sa barbe quand je traînais ma maussaderie dans son bureau : il se disait sans doute que sa politique portait ses premiers fruits.

Elle échoua parce que j'avais la tête épique. Mon épée brisée, rejeté dans la roture, je fis souvent, la nuit, ce rêve anxieux : j'étais au Luxembourg, près du bassin, face au Sénat ; il fallait protéger contre un danger inconnu une petite fille blonde qui ressemblait à Vévé, morte un an plus tôt. La petite, calme et confiante, levait vers moi ses yeux graves ; souvent, elle tenait un cerceau. C'était moi qui avais peur : je craignais de l'abandonner à des forces invisibles. Combien je l'aimais pourtant, de quel amour désolé ! Je l'aime toujours ; je l'ai cherchée, perdue, retrouvée, tenue dans mes bras, reperdue : c'est l'Épopée. A huit ans, au moment de me résigner, j'eus un violent sursaut ; pour sauver cette petite morte, je me lançai dans une opération simple et démente qui dévia le cours de ma vie : je refilai à l'écrivain les pouvoirs sacrés du héros.

A l'origine il y eut une découverte ou plutôt une

réminiscence — car j'en avais eu deux ans plus tôt le pressentiment : les grands auteurs s'apparentent aux chevaliers errants en ceci que les uns et les autres suscitent des marques passionnées de gratitude. Pour Pardaillan, la preuve n'était plus à faire : les larmes d'orphelines reconnaissantes avaient raviné le dos de sa main. Mais, à croire le Grand Larousse et les notices nécrologiques que je lisais dans les journaux, l'écrivain n'était pas moins favorisé : pour peu qu'il vécût longtemps, il finissait invariablement par recevoir une lettre d'un inconnu qui le *remerciait* ; à dater de cette minute, les remerciements ne s'arrêtaient plus, s'entassaient sur son bureau, encombraient son appartement ; des étrangers traversaient les mers pour le saluer ; ses compatriotes, après sa mort, se cotisaient pour lui élever un monument ; dans sa ville natale et parfois dans la capitale de son pays, des rues portaient son nom. En elles-mêmes, ces gratulations ne m'intéressaient pas : elles me rappelaient trop la comédie familiale. Une gravure, pourtant, me bouleversa : le célèbre romancier Dickens va débarquer dans quelques heures à New York, on aperçoit au loin le bateau qui le transporte ; la foule s'est massée sur le quai pour l'accueillir, elle ouvre toutes ses bouches et brandit mille casquettes, si dense que les enfants étouffent, solitaire, pourtant, orpheline et veuve, dépeuplée par la seule absence de l'homme qu'elle attend. Je murmurai : « Il y a quelqu'un qui manque ici : c'est Dickens ! » et les larmes me vinrent aux yeux. Pourtant j'écartai ces effets, j'allai droit à leur cause : pour être si follement acclamés, il fallait, me dis-je, que les hommes de lettres affrontassent les pires dangers et rendissent à l'humanité les services les plus éminents. Une fois dans ma vie

j'avais assisté à un pareil déchaînement d'enthousiasme : les chapeaux volaient, hommes et femmes
criaient : bravo, hurrah ; c'était le 14 juillet, les
Turcos défilaient. Ce souvenir acheva de me convaincre : en dépit de leurs tares physiques, de leur
afféterie, de leur apparente féminité, mes confrères
étaient des manières de soldats, ils risquaient leur vie
en francs-tireurs dans de mystérieux combats, on
applaudissait, plus encore que le talent, leur courage
militaire. C'est donc vrai ! me dis-je. On a *besoin
d'eux* ! A Paris, à New York, à Moscou, on les
attend, dans l'angoisse ou dans l'extase, avant qu'ils
aient publié leur premier livre, avant qu'ils aient
commencé d'écrire, avant même qu'ils soient nés.

Mais alors… moi ? Moi qui avais mission d'écrire ?
Eh bien l'on m'attendait. Je transformai Corneille en
Pardaillan : il conserva ses jambes torses, sa poitrine
étroite et sa face de carême mais je lui ôtai son
avarice et son appétit du gain ; je confondis délibérément l'art d'écrire et la générosité. Après quoi ce fut
un jeu de me changer en Corneille et de me donner
ce mandat : protéger l'espèce. Ma nouvelle imposture me préparait un drôle d'avenir ; sur l'instant j'y
gagnai tout. Mal né, j'ai dit mes efforts pour renaître : mille fois les supplications de l'innocence en
péril m'avaient suscité. Mais c'était pour rire : faux
chevalier, je faisais de fausses prouesses dont l'inconsistance avait fini par me dégoûter. Or voici qu'on me
rendait mes rêves et qu'ils se réalisaient. Car elle
était réelle, ma vocation, je ne pouvais en douter
puisque le grand prêtre s'en portait garant. Enfant
imaginaire, je devenais un vrai paladin dont les
exploits seraient de vrais livres. J'étais requis ! On
attendait mon œuvre dont le premier tome, malgré

mon zèle, ne paraîtrait pas avant 1935. Aux environs
de 1930 les gens commenceraient à s'impatienter, ils
se diraient entre eux : « Il prend son temps, celui-là !
Voici vingt-cinq ans qu'on le nourrit à ne rien faire !
Allons-nous crever sans l'avoir lu ? » Je leur répondais, avec ma voix de 1913 : « Hé, laissez-moi le
temps de travailler ! » Mais gentiment : je voyais
bien qu'ils avaient — Dieu seul savait pourquoi —
besoin de mes secours et que ce besoin m'avait
engendré, moi, l'unique moyen de le combler. Je
m'appliquais à surprendre, au fond de moi-même,
cette universelle attente, ma source vive et ma raison
d'être ; je me croyais quelquefois sur le point d'y
réussir et puis, au bout d'un moment, je laissais tout
aller. N'importe : ces fausses illuminations me suffi-
saient. Rassuré, je regardais au-dehors : peut-être en
certains lieux manquais-je déjà. Mais non : c'était
trop tôt. Bel objet d'un désir qui s'ignorait encore,
j'acceptais joyeusement de garder pour quelque
temps l'*incognito*. Quelquefois ma grand-mère
m'emmenait à son cabinet de lecture et je voyais avec
amusement de longues dames pensives, insatisfaites,
glisser d'un mur à l'autre en quête de l'auteur qui les
rassasierait : il restait introuvable puisque c'était
moi, ce môme dans leurs jupes, qu'elles ne regar-
daient même pas.

Je riais de malice, je pleurais d'attendrissement :
j'avais passé ma courte vie à m'inventer des goûts et
des partis pris qui se diluaient aussitôt. Or voici qu'on
m'avait sondé et que la sonde avait rencontré le roc ;
j'étais écrivain comme Charles Schweitzer était
grand-père : de naissance et pour toujours. Il arrivait
cependant qu'une inquiétude perçât sous l'enthousiasme : le talent que je croyais cautionné par Karl,

je refusais d'y voir un accident et je m'étais arrangé pour en faire un mandat, mais, faute d'encouragements et d'une réquisition véritable, je ne pouvais oublier que je me le donnais moi-même. Surgi d'un monde antédiluvien, à l'instant que j'échappais à la Nature pour devenir enfin moi, cet Autre que je prétendais être aux yeux des autres, je regardais en face mon Destin et je le reconnaissais : ce n'était que ma liberté, dressée devant moi par mes soins comme un pouvoir étranger. Bref, je n'arrivais pas à me pigeonner tout à fait. Ni tout à fait à me désabuser. J'oscillais. Mes hésitations ressuscitèrent un vieux problème : comment joindre les certitudes de Michel Strogoff à la générosité de Pardaillan ? Chevalier, je n'avais jamais pris les ordres du roi ; fallait-il accepter d'être auteur par commandement ? Le malaise ne durait jamais bien longtemps ; j'étais la proie de deux mystiques opposées mais je m'accommodais fort bien de leurs contradictions. Cela m'arrangeait, même, d'être à la fois cadeau du Ciel et fils de mes œuvres. Les jours de bonne humeur, tout venait de moi, je m'étais tiré du néant par mes propres forces pour apporter aux hommes les lectures qu'ils souhaitaient : enfant soumis, j'obéirais jusqu'à la mort mais à moi. Aux heures désolées, quand je sentais l'écœurante fadeur de ma disponibilité, je ne pouvais me calmer qu'en forçant sur la prédestination : je convoquais l'espèce et lui refilais la responsabilité de ma vie ; je n'étais que le produit d'une exigence collective. La plupart du temps, je ménageais la paix de mon cœur en prenant soin de ne jamais tout à fait exclure ni la liberté qui exalte ni la nécessité qui justifie.

Pardaillan et Strogoff pouvaient faire bon

ménage : le danger était ailleurs et l'on me rendit
témoin d'une confrontation déplaisante qui m'obli-
gea par la suite à prendre des précautions. Le grand
responsable est Zévaco dont je ne me méfiais pas ;
voulut-il me gêner ou me prévenir ? Le fait est qu'un
beau jour, à Madrid, dans une *posada,* quand je
n'avais d'yeux que pour Pardaillan qui se reposait, le
pauvre, en buvant un coup de vin bien mérité, cet
auteur attira mon attention sur un consommateur qui
n'était autre que Cervantès. Les deux hommes font
connaissance, affichent une estime réciproque et
vont tenter ensemble un vertueux coup de main. Pis
encore, Cervantès, tout heureux, confie à son nouvel
ami qu'il veut écrire un livre : jusque-là, le personnage principal en restait flou mais, grâce à Dieu,
Pardaillan était apparu, qui lui servirait de modèle.
L'indignation me saisit, je faillis jeter le livre : quel
manque de tact ! J'étais écrivain-chevalier, on me
coupait en deux, chaque moitié devenait tout un
homme, rencontrait l'autre et la contestait. Pardaillan n'était pas sot mais n'aurait point écrit *Don
Quichotte* ; Cervantès se battait bien mais il ne fallait
pas compter qu'il mît à lui seul vingt reîtres en fuite.
Leur amitié, elle-même, soulignait leurs limites. Le
premier pensait : « Il est un peu malingre, ce cuistre,
mais il ne manque pas de courage. » Et le second :
« Parbleu ! Pour un soudard, cet homme ne raisonne
pas trop mal. » Et puis je n'aimais pas du tout que
mon héros servît de modèle au chevalier de la Triste
Figure. Au temps du « cinéma » on m'avait fait
cadeau d'un *Don Quichotte* expurgé, je n'en avais
pas lu plus de cinquante pages : on ridiculisait
publiquement mes prouesses ! Et voici que Zévaco
lui-même... A qui se fier ? En vérité, j'étais une

ribaude, une fille à soldats : mon cœur, mon lâche cœur préférait l'aventurier à l'intellectuel ; j'avais honte de n'être que Cervantès. Pour m'empêcher de trahir, je fis régner la terreur dans ma tête et dans mon vocabulaire, je pourchassai le mot d'héroïsme et ses succédanés, je refoulai les chevaliers errants, je me parlai sans cesse des hommes de lettres, des dangers qu'ils couraient, de leur plume acérée qui embrochait les méchants. Je poursuivis la lecture de *Pardaillan et Fausta,* des *Misérables,* de *La Légende des siècles,* je pleurai sur Jean Valjean, sur Éviradnus mais, le livre fermé, j'effaçais leurs noms de ma mémoire et je faisais l'appel de mon vrai régiment. Silvio Pellico : emprisonné à vie. André Chénier : guillotiné. Étienne Dolet : brûlé vif. Byron : mort pour la Grèce. Je m'employai avec une passion froide à transfigurer ma vocation en y versant mes anciens rêves, rien ne me fit reculer : je tordis les idées, je faussai le sens des mots, je me retranchai du monde par crainte des mauvaises rencontres et des compa- raisons. A la vacance de mon âme succéda la mobilisation totale et permanente : je devins une dictature militaire.

Le malaise persista sous une autre forme : j'affûtai mon talent, rien de mieux. Mais à quoi servirait-il ? Les hommes avaient besoin de moi : *pour quoi faire ?* J'eus le malheur de m'interroger sur mon rôle et ma destination. Je demandai : « enfin, de quoi s'agit- il ? » et, sur l'instant, je crus tout perdu. Il ne s'agissait de *rien.* N'est pas héros qui veut ; ni le courage ni le don ne suffisent, il faut qu'il y ait des hydres et des dragons. Je n'en voyais nulle part. Voltaire et Rousseau avaient ferraillé dur en leur temps : c'est qu'il restait encore des tyrans. Hugo, de

Guernesey, avait foudroyé Badinguet que mon grand-père m'avait appris à détester. Mais je ne trouvais pas de mérite à proclamer ma haine puisque cet empereur était mort depuis quarante ans. Sur l'histoire contemporaine, Charles restait muet : ce dreyfusard ne me parla jamais de Dreyfus. Quel dommage ! avec quel entrain j'aurais joué le rôle de Zola : houspillé à la sortie du Tribunal, je me retourne sur le marchepied de ma calèche, je casse les reins des plus excités — non, non : je trouve un mot terrible qui les fait reculer. Et, bien entendu, je refuse, *moi,* de fuir en Angleterre ; méconnu, délaissé, quelles délices de redevenir Grisélidis, de battre le pavé de Paris sans me douter une minute que le Panthéon m'attend.

Ma grand-mère recevait chaque jour *Le Matin* et, si je ne m'abuse, l'*Excelsior* : j'appris l'existence de la pègre que j'abominai comme tous les honnêtes gens. Mais ces tigres à face humaine ne faisaient pas mon affaire : l'intrépide M. Lépine suffisait à les mater. Parfois les ouvriers se fâchaient, aussitôt les capitaux s'envolaient mais je n'en sus rien et j'ignore encore ce qu'en pensait mon grand-père. Il remplissait ponctuellement ses devoirs d'électeur, sortait rajeuni de l'isoloir, un peu fat et, quand nos femmes le taquinaient : « Enfin, dis-nous pour qui tu votes ! », il répondait sèchement : « C'est une affaire d'homme ! » Pourtant, lorsqu'on élut le nouveau président de la République, il nous fit entendre, dans un moment d'abandon, qu'il déplorait la candidature de Pams : « C'est un marchand de cigarettes ! » s'écria-t-il avec colère. Cet intellectuel petit-bourgeois voulait que le premier fonctionnaire de France fût un de ses pairs, un petit-bourgeois intellectuel,

Poincaré. Ma mère m'assure aujourd'hui qu'il votait radical et qu'elle le savait fort bien. Cela ne m'étonne pas : il avait choisi le parti des fonctionnaires ; et puis les radicaux se survivaient déjà : Charles avait la satisfaction de voter pour un parti d'ordre en donnant sa voix au parti du mouvement. Bref la politique française, à l'en croire, n'allait pas mal du tout.

Cela me navrait : je m'étais armé pour défendre l'humanité contre des dangers terribles et tout le monde m'assurait qu'elle s'acheminait doucement vers la perfection. Grand-père m'avait élevé dans le respect de la démocratie bourgeoise : pour elle, j'aurais dégainé ma plume volontiers ; mais sous la présidence de Fallières le paysan votait : que demander de plus ? Et que fait un républicain s'il a le bonheur de vivre en république ? Il se tourne les pouces ou bien il enseigne le grec et décrit les monuments d'Aurillac à ses moments perdus. J'étais revenu à mon point de départ et je crus étouffer une fois de plus dans ce monde sans conflits qui réduisait l'écrivain au chômage.

Ce fut encore Charles qui me tira de peine. A son insu, naturellement. Deux ans plus tôt, pour m'éveiller à l'humanisme, il m'avait exposé des idées dont il ne soufflait plus mot, de crainte d'encourager ma folie mais qui s'étaient gravées dans son esprit. Elles reprirent, sans bruit, leur virulence et, pour sauver l'essentiel, transformèrent peu à peu l'écrivain-chevalier en écrivain-martyr. J'ai dit comment ce pasteur manqué, fidèle aux volontés de son père, avait gardé le Divin pour le verser dans la Culture. De cet amalgame était né le Saint-Esprit, attribut de la Substance infinie, patron des lettres et des arts, des langues mortes ou vivantes et de la Méthode Directe,

blanche colombe qui comblait la famille Schweitzer
de ses apparitions, voletait, le dimanche, au-dessus
des orgues, des orchestres et se perchait, les jours
ouvrables, sur le crâne de mon grand-père. Les
anciens propos de Karl, rassemblés, composèrent
dans ma tête un discours : le monde était la proie du
Mal ; un seul salut : mourir à soi-même, à la Terre,
contempler du fond d'un naufrage les impossibles
Idées. Comme on n'y parvenait pas sans un entraîne-
ment difficile et dangereux, on avait confié la
besogne à un corps de spécialistes. La cléricature
prenait l'humanité en charge et la sauvait par la
réversibilité des mérites : les fauves du temporel,
grands et petits, avaient tout loisir de s'entre-tuer ou
de mener dans l'hébétude une existence sans vérité
puisque les écrivains et les artistes méditaient à leur
place sur la Beauté, sur le Bien. Pour arracher
l'espèce entière à l'animalité il ne fallait que deux
conditions : que l'on conservât dans des locaux
surveillés les reliques — toiles, livres, statues — des
clercs morts ; qu'il restât au moins un clerc vivant
pour continuer la besogne et fabriquer les reliques
futures.

Sales fadaises : je les gobai sans trop les comprendre, j'y croyais encore à vingt ans. A cause d'elles j'ai
tenu longtemps l'œuvre d'art pour un événement
métaphysique dont la naissance intéressait l'univers.
Je déterrai cette religion féroce et je la fis mienne
pour dorer ma terne vocation : j'absorbai des rancunes et des aigreurs qui ne m'appartenaient point,
pas davantage à mon grand-père, les vieilles biles de
Flaubert, des Goncourt, de Gautier m'empoisonnè-
rent ; leur haine abstraite de l'homme, introduite en
moi sous le masque de l'amour, m'infecta de préten-

tions nouvelles. Je devins cathare, je confondis la littérature avec la prière, j'en fis un sacrifice humain. Mes frères, décidai-je, me demandaient tout simplement de consacrer ma plume à leur rachat : ils souffraient d'une insuffisance d'être qui, sans l'intercession des Saints, les aurait voués en permanence à l'anéantissement ; si j'ouvrais les yeux chaque matin, si, courant à la fenêtre, je voyais passer dans la rue des Messieurs et des Dames encore vivants, c'est que, du crépuscule à l'aube, un travailleur en chambre avait lutté pour écrire une page immortelle qui nous valait ce sursis d'un jour. Il recommencerait à la tombée de la nuit, ce soir, demain, jusqu'à mourir d'usure ; je prendrais la relève : moi aussi, je retiendrais l'espèce au bord du gouffre par mon offrande mystique, par mon œuvre ; en douce le militaire cédait la place au prêtre : Parsifal tragique, je m'offrais en victime expiatoire. Du jour où je découvris Chantecler, un nœud se fit dans mon cœur : un nœud de vipères qu'il fallut trente ans pour dénouer : déchiré, sanglant, rossé, ce coq trouve le moyen de protéger toute une basse-cour, il suffit de son chant pour mettre un épervier en déroute et la foule abjecte l'encense après l'avoir moqué ; l'épervier disparu, le poète revient au combat, la Beauté l'inspire, décuple ses forces, il fond sur son adversaire et le terrasse. Je pleurai : Griséli-dis, Corneille, Pardaillan, je les retrouvais tous en un : Chantecler ce serait moi. Tout me parut simple : écrire, c'est augmenter d'une perle le sautoir des Muses, laisser à la postérité le souvenir d'une vie exemplaire, défendre le peuple contre lui-même et contre ses ennemis, attirer sur les hommes par une Messe solennelle la bénédiction du Ciel. L'idée ne me vint pas qu'on pût écrire pour être lu.

On écrit pour ses voisins ou pour Dieu. Je pris le parti d'écrire pour Dieu en vue de sauver mes voisins. Je voulais des obligés et non pas des lecteurs. Le mépris corrompait ma générosité Déjà, du temps que je protégeais les orphelines, je commençais par me débarrasser d'elles en les envoyant se cacher. Écrivain, ma manière ne changea pas : avant de sauver l'humanité, je commencerais par lui bander les yeux ; alors seulement je me tournerais contre les petits reîtres noirs et véloces, contre les mots ; quand ma nouvelle orpheline oserait dénouer le bandeau, je serais loin ; sauvée par une prouesse solitaire, elle ne remarquerait pas d'abord, flambant sur un rayon de la Nationale, le petit volume tout neuf qui porterait mon nom.

Je plaide les circonstances atténuantes. Il y en a trois. D'abord, à travers un fantasme limpide, c'était mon droit de vivre que je mettais en question. En cette humanité sans visa qui attend le bon plaisir de l'Artiste, on aura reconnu l'enfant gavé de bonheur qui s'ennuyait sur son perchoir, j'acceptais le mythe odieux du Saint qui sauve la populace, parce que finalement la populace c'était moi : je me déclarais sauveteur patenté des foules pour faire mon propre salut en douce et, comme disent les jésuites, par-dessus le marché.

Et puis j'avais neuf ans. Fils unique et sans camarade, je n'imaginais pas que mon isolement pût finir. Il faut avouer que j'étais un auteur très ignoré. J'avais recommencé d'écrire. Mes nouveaux romans, faute de mieux, ressemblaient aux anciens trait pour trait, mais personne n'en prenait connaissance. Pas même moi, qui détestais me relire : ma plume allait si vite que, souvent, j'avais mal au poignet ; je jetais sur le parquet les cahiers remplis, je finissais par les oublier, ils disparaissaient ; par cette raison je n'achevais rien : à quoi bon raconter la fin d'une histoire quand le commencement s'en est perdu. D'ailleurs, si Karl avait daigné jeter un coup d'œil sur ces pages, il n'aurait pas été *lecteur* à mes yeux mais juge suprême et j'aurais redouté qu'il ne me condamnât. L'écriture, mon travail noir, ne renvoyait à rien et, du coup, se prenait elle-même pour fin : j'écrivais pour écrire. Je ne le regrette pas : eussé-je été lu, je tentais de plaire, je redevenais merveilleux. Clandestin, je fus vrai.

Enfin l'idéalisme du clerc se fondait sur le réalisme de l'enfant. Je l'ai dit plus haut : pour avoir découvert le monde à travers le langage, je pris longtemps le langage pour le monde. Exister, c'était posséder une appellation contrôlée, quelque part sur les Tables infinies du Verbe ; écrire c'était y graver des êtres neufs ou — ce fut ma plus tenace illusion — prendre les choses, vivantes, au piège des phrases : si je combinais les mots ingénieusement, l'objet s'empêtrait dans les signes, je le tenais. Je commençais, au Luxembourg, par me fasciner sur un brillant simulacre de platane : je ne l'observais pas, tout au contraire, je faisais confiance au vide, j'attendais ; au bout d'un moment, son vrai feuillage surgissait sous l'aspect d'un simple adjectif ou, quelquefois, de toute une proposition : j'avais enrichi l'univers d'une frissonnante verdure. Jamais je n'ai déposé mes trouvailles sur le papier : elles s'accumulaient, pensai-je, dans ma mémoire. En fait je les oubliais. Mais elles me donnaient un pressentiment de mon rôle futur : j'imposerais des noms. Depuis plusieurs siècles, à Aurillac, de vains ramas de blancheurs réclamaient

des contours fixes, un sens : j'en ferais des monuments véritables. Terroriste, je ne visais que leur
être : je le constituerais par le langage ; rhétoricien,
je n'aimais que les mots : je dresserais des cathédrales de paroles sous l'œil bleu du mot ciel. Je
bâtirais pour des millénaires. Quand je prenais un
livre, j'avais beau l'ouvrir et le fermer vingt fois, je
voyais bien qu'il ne s'altérait pas. Glissant sur cette
substance incorruptible : le *texte,* mon regard n'était
qu'un minuscule accident de surface, il ne dérangeait
rien, n'usait pas. Moi, par contre, passif, éphémère,
j'étais un moustique ébloui, traversé par les feux d'un
phare ; je quittais le bureau, j'éteignais : invisible
dans les ténèbres, le livre étincelait toujours ; pour lui
seul. Je donnerais à mes ouvrages la violence de ces
jets de lumière corrosifs, et, plus tard, dans les
bibliothèques en ruine, ils survivraient à l'homme.

Je me complus à mon obscurité, je souhaitai la
prolonger, m'en faire un mérite. J'enviai les détenus
célèbres qui ont écrit dans des cachots sur du papier à
chandelle. Ils avaient gardé l'obligation de racheter
leurs contemporains et perdu celle de les fréquenter.
Naturellement, le progrès des mœurs diminuait mes
chances de puiser mon talent dans la réclusion, mais
je n'en désespérais pas tout à fait : frappée par la
modestie de mes ambitions, la Providence aurait à
cœur de les réaliser. En attendant je me séquestrais
par anticipation.

Circonvenue par mon grand-père, ma mère ne
perdait pas une occasion de peindre mes joies
futures : pour me séduire elle mettait dans ma vie
tout ce qui manquait à la sienne : la tranquillité, le
loisir, la concorde ; jeune professeur encore célibataire, une jolie vieille dame me louerait une chambre

confortable qui sentirait la lavande et le linge frais,
j'irais au lycée d'un saut, j'en reviendrais de même ;
le soir je m'attarderais sur le pas de ma porte pour
bavarder avec ma logeuse qui raffolerait de moi ; tout
le monde m'aimerait, d'ailleurs, parce que je serais
courtois et bien élevé. Je n'entendais qu'un mot : ta
chambre, j'oubliais le lycée, la veuve d'officier supérieur, l'odeur de province, je ne voyais plus qu'un
rond de lumière sur ma table : au centre d'une pièce
noyée d'ombre, rideaux tirés, je me penchais sur un
cahier de toile noire. Ma mère continuait son récit,
sautait dix ans : un inspecteur général me protégeait,
la bonne société d'Aurillac voulait bien me recevoir,
ma jeune femme me portait l'affection la plus tendre,
je lui faisais de beaux enfants bien sains, deux fils et
une fille, elle héritait, j'achetais un terrain au bord de
la ville, nous faisions bâtir et, tous les dimanches, la
famille entière allait inspecter les travaux. Je n'écoutais rien : pendant ces dix années, je n'avais pas
quitté ma table : petit, moustachu comme mon père,
juché sur une pile de dictionnaires, ma moustache
blanchissait, mon poignet courait toujours, les
cahiers tombaient sur le parquet l'un après l'autre.
L'humanité dormait, c'était la nuit, ma femme et mes
enfants dormaient à moins qu'ils ne fussent morts,
ma logeuse dormait ; dans toutes les mémoires le
sommeil m'avait aboli. Quelle solitude : deux milliards d'hommes en long et moi, au-dessus d'eux,
seule vigie.

Le Saint-Esprit me regardait. Il venait justement
de prendre la décision de remonter au Ciel et
d'abandonner les hommes ; je n'avais que le temps de
m'offrir, je lui montrais les plaies de mon âme, les
larmes qui trempaient mon papier, il lisait par-dessus

mon épaule et sa colère tombait. Était-il apaisé par la profondeur des souffrances ou par la magnificence de l'œuvre ? Je me disais : par l'œuvre ; à la dérobée je pensais : par les souffrances. Bien entendu le Saint-Esprit n'appréciait que les écrits *vraiment* artistiques mais j'avais lu Musset, je savais que « les plus désespérés sont les chants les plus beaux » et j'avais décidé de capter la Beauté par un désespoir piégé. Le mot de génie m'avait toujours paru suspect : j'allai jusqu'à le prendre en dégoût totalement. Où serait l'angoisse, où l'épreuve, où la tentation déjouée, où le mérite, enfin, si j'avais le don ? Je supportais mal d'avoir un corps et tous les jours la même tête, je n'allais pas me laisser enfermer dans un équipement. J'acceptais ma désignation à condition qu'elle ne s'appuyât sur rien, qu'elle brillât, gratuite, dans le vide absolu. J'avais des conciliabules avec le Saint-Esprit : « Tu écriras », me disait-il. Et moi je me tordais les mains : « Qu'ai-je donc, Seigneur, pour que vous m'ayez choisi ? — Rien de particulier. — Alors, pourquoi moi ? — Sans raison. — Ai-je au moins quelques facilités de plume ? — Aucune. Crois-tu que les grandes œuvres naissent des plumes faciles ? — Seigneur, puisque je suis si nul, comment pourrais-je faire un livre ? — En t'appliquant. — N'importe qui peut donc écrire ? — N'importe qui, mais c'est toi que j'ai choisi. » Ce truquage était bien commode : il me permettait de proclamer mon insignifiance et simultanément de vénérer en moi l'auteur de chefs-d'œuvre futurs. J'étais élu, marqué mais sans talent : tout viendrait de ma longue patience et de mes malheurs ; je me déniais toute singularité : les traits de caractère engoncent ; je n'étais fidèle à rien sauf à l'engagement royal qui me conduisait à la gloire par les supplices. Ces supplices, restait à les trouver ; c'était l'unique problème mais qui paraissait insoluble puisqu'on m'avait ôté l'espoir de vivre misérable : obscur ou fameux, j'émargerais au budget de l'Enseignement, je n'aurais jamais faim. Je me promis d'atroces chagrins d'amour mais sans enthousiasme : je détestais les amants transis ; Cyrano me scandalisait, ce faux Pardaillan qui bêtifiait devant les femmes : le vrai traînait tous les cœurs après soi sans même y prendre garde ; il est juste de dire que la mort de Violetta, son amante, lui avait percé le cœur à jamais. Un veuvage, une plaie inguérissable : à cause, à cause d'une femme mais non point par sa faute ; cela me permettait de repousser les avances de toutes les autres. A creuser. Mais, de toute manière, en admettant que ma jeune épouse aurillacienne disparût dans un accident, ce malheur ne suffirait pas à m'élire : il était à la fois fortuit et trop commun. Ma furie vint à bout de tout ; moqués, battus, certains auteurs avaient jusqu'au dernier soupir croupi dans l'opprobre et la nuit, la gloire n'avait couronné que leurs cadavres : voilà ce que je serais. J'écrirais sur Aurillac et sur ses statues, consciencieusement. Incapable de haine, je ne viserais qu'à réconcilier, qu'à servir. Pourtant, à peine paru, mon premier livre déchaînerait le scandale, je deviendrais un ennemi public : insulté par les journaux auvergnats, les commerçants refuseraient de me servir, des exaltés jetteraient des pierres dans mes carreaux ; pour échapper au lynchage, il me faudrait fuir. D'abord foudroyé, je passerais des mois dans l'imbécillité, répétant sans cesse : « Ce n'est qu'un malentendu, voyons ! Puisque tout le monde est bon ! » Et ce ne serait en effet qu'un malentendu mais le Saint-Esprit ne permettrait pas qu'il se dissipât. Je guérirais ; un jour, je m'assiérais à ma table et j'écrirais un nouveau livre : sur la mer ou sur la montagne. Celui-là ne trouverait pas d'éditeur. Poursuivi, déguisé, proscrit peut-être, j'en ferais d'autres, beaucoup d'autres, je traduirais Horace en vers, j'exposerais des idées modestes et toutes raisonnables sur la pédagogie. Rien à faire : mes cahiers s'empileraient dans une malle, inédits.

L'histoire avait deux conclusions ; je choisissais l'une ou l'autre suivant mon humeur. Dans mes jours maussades, je me voyais mourir sur un lit de fer, haï de tous, désespéré, à l'heure même où la Gloire embouchait sa trompette. D'autres fois je m'accordais un peu de bonheur. A cinquante ans, pour essayer une plume neuve, j'écrivais mon nom sur un manuscrit qui, peu après, s'égarait. Quelqu'un le trouvait, dans un grenier, dans le ruisseau, dans un placard de la maison que je venais de quitter, il le lisait, le portait bouleversé chez Arthème Fayard le célèbre éditeur de Michel Zévaco. C'était le triomphe : dix mille exemplaires enlevés en deux jours. Que de remords dans les cœurs. Cent reporters se lançaient à ma recherche et ne me trouvaient pas. Reclus, j'ignorais longtemps ce revirement d'opinion. Un jour, enfin, j'entre dans un café pour m'abriter de la pluie, j'avise une gazette qui traîne et que vois-je ? « Jean-Paul Sartre, l'écrivain masqué, le chantre d'Aurillac, le poète de la mer. » A la trois, sur six colonnes, en capitales. J'exulte. Non : je suis voluptueusement mélancolique. En tout cas je rentre chez moi, je ferme et ficelle, avec l'aide de ma logeuse, la malle aux cahiers et je l'expédie chez Fayard sans donner mon adresse. A ce moment de mon récit, je m'interrompais pour me lancer dans des combinaisons délicieuses : si j'envoyais le colis de la ville même où je résidais, les journalistes auraient tôt fait de découvrir ma retraite. J'emportais donc la malle à Paris, je la faisais déposer par un commissionnaire à la maison d'éditions ; avant de prendre le train, je retournais aux lieux de mon enfance, rue Le Goff, rue Soufflot, au Luxembourg. Le Balzar m'attirait ; je me rappelais que mon grand-père — mort depuis — m'y avait amené quelquefois, en 1913 : nous nous asseyions côte à côte sur la banquette, tout le monde nous regardait d'un air de connivence, il commandait un bock et, pour moi, un galopin de bière, je me sentais aimé. Donc, quinquagénaire et nostalgique, je poussais la porte de la brasserie et je me faisais servir un galopin. A la table voisine des femmes jeunes et belles parlaient avec vivacité, prononçaient mon nom. « Ah ! disait l'une d'elles, il se peut qu'il soit vieux, qu'il soit laid mais qu'importe : je donnerais trente ans de ma vie pour devenir son épouse ! » Je lui adressais un fier et triste sourire, elle me répondait par un sourire étonné, je me levais, je disparaissais.

J'ai passé beaucoup de temps à fignoler cet épisode et cent autres que j'épargne au lecteur. On y aura reconnu, projetée dans un monde futur, mon enfance elle-même, ma situation, les inventions de ma sixième année, les bouderies de mes paladins méconnus. Je boudais encore, à neuf ans, et j'y prenais un plaisir extrême : par bouderie, je maintenais, martyr inexorable, un malentendu dont le Saint-Esprit lui-même semblait s'être lassé. Pourquoi ne pas dire mon nom à cette ravissante admiratrice ? Ah ! me disais-je, elle vient trop tard. — Mais puisqu'elle

m'accepte de toute façon ? — Eh bien c'est que je
suis trop pauvre. — Trop pauvre ! Et les droits
d'auteur ? Cette objection ne m'arrêtait pas : j'avais
écrit à Fayard de distribuer aux pauvres l'argent qui
me revenait. Il fallait pourtant conclure : eh bien ! je
m'éteignais dans ma chambrette, abandonné de tous
mais serein : mission remplie.

Une chose me frappe dans ce récit mille fois
répété : du jour où je vois mon nom sur le journal,
un ressort se brise, je suis fini ; je jouis tristement de
mon renom mais je n'écris plus. Les deux dénoue-
ments ne font qu'un : que je meure pour naître à la
gloire, que la gloire vienne d'abord et me tue,
l'appétit d'écrire enveloppe un refus de vivre. Vers
cette époque une anecdote m'avait troublé, lue je ne
sais où : c'est au siècle dernier ; dans une halte
sibérienne un écrivain fait les cent pas en attendant le
train. Pas une masure à l'horizon, pas une âme en
vie. L'écrivain a de la peine à porter sa grosse tête
morose. Il est myope, célibataire, grossier, toujours
furieux ; il s'ennuie, il pense à sa prostate, à ses
dettes. Surgit une jeune comtesse, dans son coupé,
sur la route qui longe les rails : elle saute de la
voiture, court au voyageur qu'elle n'a jamais vu mais
prétend reconnaître d'après un daguerréotype qu'on
lui a montré, elle s'incline, lui prend la main droite et
la baise. L'histoire s'arrêtait là et je ne sais pas ce
qu'elle veut nous faire entendre. A neuf ans j'étais
émerveillé que cet auteur bougon se trouvât des
lectrices dans la steppe et qu'une si belle personne
vînt lui rappeler la gloire qu'il avait oubliée : c'était
naître. Plus au fond, c'était mourir : je le sentais, je
le voulais ainsi ; un roturier vivant ne pouvait recevoir d'une aristocrate pareil témoignage d'admira-

tion. La comtesse semblait lui dire : « Si j'ai pu venir
à vous et vous toucher, c'est qu'il n'est même plus
besoin de maintenir la supériorité du rang ; je ne me
soucie pas de ce que vous penserez de mon geste, je
ne vous tiens plus pour un homme mais pour le
symbole de votre œuvre. » Tué par un baisemain, à
mille verstes de Saint-Pétersbourg, à cinquante-cinq
ans de sa naissance, un voyageur prenait feu, sa
gloire le consumait, ne laissait de lui, en lettres de
flammes, que le catalogue de ses œuvres. Je voyais la
comtesse remonter dans son coupé, disparaître et la
steppe retomber dans la solitude ; au crépuscule le
train brûlait la halte pour rattraper son retard, je
sentais, au creux des reins, le frisson de la peur, je me
rappelais *Du vent dans les arbres* et je me disais :
« La comtesse, c'était la mort. » Elle viendrait, un
jour, sur une route déserte, elle baiserait mes doigts.

La mort était mon vertige parce que je n'aimais pas
vivre : c'est ce qui explique la terreur qu'elle m'inspirait. En l'identifiant à la gloire, j'en fis ma destination. Je voulus mourir ; parfois l'horreur glaçait mon
impatience : jamais longtemps ; ma joie sainte
renaissait, j'attendais l'instant de foudre où je flam-
berais jusqu'à l'os. Nos intentions profondes sont des
projets et des fuites inséparablement liés : l'entreprise folle d'écrire pour me faire pardonner mon
existence, je vois bien qu'elle avait, en dépit des
vantardises et des mensonges, quelque réalité ; la
preuve en est que j'écris encore, cinquante ans après.
Mais, si je remonte aux origines, j'y vois une fuite en
avant, un suicide à la Gribouille ; oui, plus que
l'épopée, plus que le martyre, c'était la mort que je
cherchais. Longtemps j'avais redouté de finir comme
j'avais commencé, n'importe où, n'importe com-

ment, et que ce vague trépas ne fût que le reflet de
ma vague naissance. Ma vocation changea tout : les
coups d'épée s'envolent, les écrits restent, je découvris que le Donateur, dans les Belles-Lettres, peut se
transformer en son propre Don, c'est-à-dire en objet
pur. Le hasard m'avait fait homme, la générosité me
ferait livre ; je pourrais couler ma babillarde, ma
conscience, dans des caractères de bronze, remplacer
les bruits de ma vie par des inscriptions ineffaçables,
ma chair par un style, les molles spirales du temps par
l'éternité, apparaître au Saint-Esprit comme un pré-
cipité du langage, devenir une obsession pour
l'espèce, être *autre* enfin, autre que moi, autre que
les autres, autre que tout. Je commencerais par me
donner un corps inusable et puis je me livrerais aux
consommateurs. Je n'écrirais pas pour le plaisir
d'écrire mais pour tailler ce corps de gloire dans les
mots. A la considérer du haut de ma tombe, ma
naissance m'apparut comme un mal nécessaire,
comme une incarnation tout à fait provisoire qui
préparait ma transfiguration : pour renaître il fallait
écrire, pour écrire il fallait un cerveau, des yeux, des
bras ; le travail terminé, ces organes se résorberaient
d'eux-mêmes : aux environs de 1955, une larve
éclaterait, vingt-cinq papillons in-folio s'en échappe-
raient, battant de toutes leurs pages pour s'aller
poser sur un rayon de la Bibliothèque nationale. Ces
papillons ne seraient autres que moi. Moi : vingt-cinq
tomes, dix-huit mille pages de texte, trois cents
gravures dont le portrait de l'auteur. Mes os sont de
cuir et de carton, ma chair parcheminée sent la colle
et le champignon, à travers soixante kilos de papier
je me carre, tout à l'aise. Je renais, je deviens enfin
tout un homme, pensant, parlant, chantant, toni-

truant, qui s'affirme avec l'inertie péremptoire de la matière. On me prend, on m'ouvre, on m'étale sur la table, on me lisse du plat de la main et parfois on me fait craquer. Je me laisse faire et puis tout à coup je fulgure, j'éblouis, je m'impose à distance, mes pouvoirs traversent l'espace et le temps, foudroient les méchants, protègent les bons. Nul ne peut m'oublier, ni me passer sous silence : je suis un grand fétiche maniable et terrible. Ma conscience est en miettes : tant mieux. D'autres consciences m'ont pris en charge. On *me* lit, je saute aux yeux ; on *me* parle, je suis dans toutes les bouches, langue universelle et singulière ; dans des millions de regards je me fais curiosité prospective ; pour celui qui sait m'aimer, je suis son inquiétude la plus intime mais, s'il veut me toucher, je m'efface et disparais : je n'existe plus nulle part, je *suis,* enfin ! je suis partout : parasite de l'humanité, mes bienfaits la rongent et l'obligent sans cesse à ressusciter mon absence.

Ce tour de passe-passe réussit : j'ensevelis la mort dans le linceul de la gloire, je ne pensai plus qu'à celle-ci, jamais à celle-là, sans m'aviser que les deux n'étaient qu'une. A l'heure où j'écris ces lignes, je sais que j'ai fait mon temps à quelques années près. Or je me représente clairement, sans trop de gaîté, la vieillesse qui s'annonce et ma future décrépitude, la décrépitude et la mort de ceux que j'aime ; ma mort, jamais. Il m'arrive de laisser entendre à mes proches — dont certains ont quinze, vingt, trente ans de moins que moi — combien je regretterai de leur survivre : ils me moquent et je ris avec eux mais rien n'y fait, rien n'y fera : à l'âge de neuf ans, une opération m'a ôté les moyens d'éprouver un certain pathétique qu'on dit propre à notre condition. Dix

ans plus tard, à l'École normale, ce pathétique
réveillait en sursaut, dans l'épouvante ou dans la
rage, quelques-uns de mes meilleurs amis : je ronflais
comme un sonneur. Après une grave maladie, l'un
d'eux nous assurait qu'il avait connu les affres de
l'agonie, jusqu'au dernier soupir inclusivement ;
Nizan était le plus obsédé : parfois, en pleine veille, il
se voyait cadavre ; il se levait, les yeux grouillants de
vers, prenait en tâtonnant son Borsalino à coiffe
ronde, disparaissait ; on le retrouvait le surlendemain, saoul, avec des inconnus. Quelquefois, dans
une turne, ces condamnés se racontaient leurs nuits
blanches, leurs expériences anticipées du néant : ils
s'entendaient au quart de mot. Je les écoutais, je les
aimais assez pour souhaiter passionnément leur res-
sembler, mais j'avais beau faire, je ne saisissais et je
ne retenais que des lieux communs d'enterrement :
on vit, on meurt, on ne sait ni qui vit ni qui meurt ;
une heure avant la mort, on est encore vivant. Je ne
doutais pas qu'il y eût dans leur propos un sens qui
m'échappait ; je me taisais, jaloux, en exil. A la fin,
ils se tournaient vers moi, agacés d'avance : « Toi, ça
te laisse froid ? » J'écartais les bras en signe d'impuissance et d'humilité. Ils riaient de colère, éblouis par
la foudroyante évidence qu'ils n'arrivaient pas à me
communiquer : « Tu ne t'es jamais dit en t'endor-
mant qu'il y avait des gens qui mouraient pendant
leur sommeil ? Tu n'as jamais pensé, en te brossant
les dents : cette fois ça y est, c'est mon dernier jour ?
Tu n'as jamais senti qu'il fallait aller vite, vite, vite,
et que le temps manquait ? Tu te crois immortel ? »
Je répondais, moitié par défi, moitié par entraîne-
ment : « C'est ça : je me crois immortel. » Rien
n'était plus faux : je m'étais prémuni contre les décès

accidentels, voilà tout ; le Saint-Esprit m'avait com-
mandé un ouvrage de longue haleine, il fallait bien
qu'il me laissât le temps de l'accomplir. Mort d'honneur, c'était ma mort qui me protégeait contre les
déraillements, les congestions, la péritonite : nous
avions pris date, elle et moi ; si je me présentais au
rendez-vous trop tôt, je ne l'y trouverais pas ; mes
amis pouvaient bien me reprocher de ne jamais
penser à elle : ils ignoraient que je ne cessais pas une
minute de la vivre.

Aujourd'hui, je leur donne raison : ils avaient tout
accepté de notre condition, même l'inquiétude ;
j'avais choisi d'être rassuré ; et c'était bien vrai, au
fond, que je me croyais immortel : je m'étais tué
d'avance parce que les défunts sont seuls à jouir de
l'immortalité. Nizan et Maheu savaient qu'ils feraient
l'objet d'une agression sauvage, qu'on les arracherait
du monde tout vifs, pleins de sang. Moi, je me
mentais : pour ôter à la mort sa barbarie, j'en avais
fait mon but et de ma vie l'unique moyen connu de
mourir : j'allais doucement vers ma fin, n'ayant
d'espoirs et de désirs que ce qu'il en fallait pour
remplir mes livres, sûr que le dernier élan de mon
cœur s'inscrirait sur la dernière page du dernier tome
de mes œuvres et que la mort ne prendrait qu'un
mort. Nizan regardait, à vingt ans, les femmes et les
autos, tous les biens de ce monde avec une précipitation désespérée : il fallait tout voir, tout prendre tout
de suite. Je regardais aussi, mais avec plus de zèle
que de convoitise : je n'étais pas sur terre pour jouir
mais pour faire un bilan. C'était un peu trop commode : par timidité d'enfant trop sage, par lâcheté,
j'avais reculé devant les risques d'une existence
ouverte, libre et sans garantie providentielle, je

m'étais persuadé que tout était écrit d'avance, mieux encore, révolu.

Évidemment cette opération frauduleuse m'épargnait la tentation de m'aimer. Menacé d'abolition, chacun de mes amis se barricadait dans le présent, découvrait l'irremplaçable qualité de sa vie mortelle et se jugeait touchant, précieux, unique ; chacun se plaisait à soi-même ; moi, le mort, je ne me plaisais pas : je me trouvais très ordinaire, plus ennuyeux que le grand Corneille et ma singularité de sujet n'offrait d'autre intérêt à mes yeux que de préparer le moment qui me changerait en objet. En étais-je plus modeste ? Non, mais plus rusé : je chargeais mes descendants de m'aimer à ma place ; pour des hommes et des femmes qui n'étaient pas encore nés, j'aurais un jour du charme, un je ne sais quoi, je ferais leur bonheur. J'avais plus de malice encore et plus de sournoiserie : cette vie que je trouvais fastidieuse et dont je n'avais su faire que l'instrument de ma mort, je revenais sur elle en secret pour la sauver ; je la regardais à travers des yeux futurs et elle m'apparaissait comme une histoire touchante et merveilleuse que j'avais vécue pour tous, que nul, grâce à moi, n'avait plus à revivre et qu'il suffirait de raconter. J'y mis une véritable frénésie : je choisis pour avenir un passé de grand mort et j'essayai de vivre à l'envers. Entre neuf et dix ans, je devins tout à fait posthume.

Ce n'est pas entièrement ma faute : mon grand-père m'avait élevé dans l'illusion rétrospective. Lui non plus, d'ailleurs, il n'est pas coupable et je suis loin de lui en vouloir : ce mirage-là naît spontanément de la culture. Quand les témoins ont disparu, le décès d'un grand homme cesse à jamais d'être un coup de foudre, le temps en fait un trait de caractère. Un vieux défunt est mort par constitution, il l'est au baptême ni plus ni moins qu'à l'extrême-onction, sa vie nous appartient, nous y entrons par un bout, par l'autre, par le milieu, nous en descendons, nous en remontons le cours à volonté : c'est que l'ordre chronologique a sauté ; impossible de le restituer : ce personnage ne court plus aucun risque et n'attend même plus que les chatouillements de sa narine aboutissent à la sternutation. Son existence offre les apparences d'un déroulement mais, dès qu'on veut lui rendre un peu de vie, elle retombe dans la simultanéité. Vous aurez beau vous mettre à la place du disparu, feindre de partager ses passions, ses ignorances, ses préjugés, ressusciter des résistances abolies, un soupçon d'impatience ou d'appréhension, vous ne pourrez vous défendre d'apprécier sa conduite à la lumière de résultats qui n'étaient pas prévisibles et de renseignements qu'il ne possédait pas, ni de donner une solennité particulière à des événements dont les effets plus tard l'ont marqué mais qu'il a vécus négligemment. Voilà le mirage : l'avenir plus réel que le présent. Cela n'étonnera pas : dans une vie terminée, c'est la fin qu'on tient pour la vérité du commencement. Le défunt reste à mi-chemin entre l'être et la valeur, entre le fait brut et la reconstruction ; son histoire devient une manière d'essence circulaire qui se résume en chacun de ses moments. Dans les salons d'Arras, un jeune avocat froid et minaudier porte sa tête sous son bras parce qu'il est feu Robespierre, cette tête dégoutte de sang mais ne tache pas le tapis ; pas un des convives ne la remarque et nous ne voyons qu'elle ; il s'en faut de cinq ans qu'elle ait roulé dans le panier et pourtant la voilà, coupée, qui dit des madrigaux malgré sa mâchoire qui pend. Reconnue, cette erreur d'optique ne gêne pas : on a les moyens de la corriger ; mais les clercs de l'époque la masquaient, ils en nourrissaient leur idéalisme. Quand une grande pensée veut naître, insinuaient-ils, elle va réquisitionner dans un ventre de femme le grand homme qui la portera ; elle lui choisit sa condition, son milieu, elle dose exactement l'intelligence et l'incompréhension de ses proches, règle son éducation, le soumet aux épreuves nécessaires, lui compose par touches successives un caractère instable dont elle gouverne les déséquilibres jusqu'à ce que l'objet de tant de soins éclate en accouchant d'elle. Cela n'était nulle part déclaré mais tout suggérait que l'enchaînement des causes couvre un ordre inverse et secret.

J'usai de ce mirage avec enthousiasme pour achever de garantir mon destin. Je pris le temps, je le mis cul par-dessus tête et tout s'éclaira. Cela commença par un petit livre bleu de nuit avec des chamarrures d'or un peu noircies, dont les feuilles épaisses sentaient le cadavre et qui s'intitulait : *L'Enfance des hommes illustres ;* une étiquette attestait que mon oncle Georges l'avait reçu en 1885, à titre de second prix d'arithmétique. Je l'avais découvert, au temps de mes voyages excentriques, feuilleté puis rejeté par agacement : ces jeunes élus ne ressemblaient en rien à des enfants prodiges ; ils ne se rapprochaient de moi que par la fadeur de leurs vertus et je me demandais bien pourquoi l'on parlait d'eux. Finalement le livre disparut : j'avais décidé de le punir en le cachant. Un an plus tard, je bouleversai tous les rayons pour le retrouver : j'avais changé, l'enfant prodige était devenu grand homme en proie à l'enfance. Quelle surprise : le livre avait changé lui aussi. C'étaient les mêmes mots mais ils me parlaient de moi. Je pressentis que cet ouvrage allait me perdre, je le détestai, j'en eus peur. Chaque jour, avant de l'ouvrir, j'allais m'asseoir contre la fenêtre : en cas de danger, je ferais entrer dans mes yeux la vraie lumière du jour. Ils me font bien rire, aujourd'hui, ceux qui déplorent l'influence de Fantômas ou d'André Gide : croit-on que les enfants ne choisissent pas leurs poisons eux-même ? J'avalais le mien avec l'anxieuse austérité des drogués. Il paraissait bien inoffensif, pourtant. On encourageait les jeunes lecteurs : la sagesse et la piété filiale mènent à tout, même à devenir Rembrandt ou Mozart : on retraçait dans de courtes nouvelles les occupations très ordinaires de garçons non moins ordinaires mais sensibles et pieux qui s'appelaient Jean-Sébastien, Jean-Jacques ou Jean-Baptiste et qui faisaient le bonheur de leurs proches comme je faisais celui des miens. Mais voici le venin : sans jamais prononcer le nom de Rousseau, de Bach ni de Molière, l'auteur mettait son art à placer partout des allusions à leur future grandeur, à rappeler négligemment, par un détail, leurs œuvres ou leurs actions les plus fameuses, à machiner si bien ses récits qu'on ne pût comprendre l'incident le plus banal sans le rapporter à des événements postérieurs ; dans le tumulte quotidien il faisait descendre un grand silence fabuleux, qui transfigurait tout : l'avenir. Un certain Sanzio mourait d'envie de voir le pape ; il faisait si bien qu'on le menait sur la place publique un jour que le Saint-Père passait par là ; le gamin pâlissait, écarquillait les yeux, on lui disait enfin : « Je pense que tu es content, Raffaello ? L'as-tu bien regardé, au moins, notre Saint-Père ? » Mais il répondait, hagard « Quel Saint-Père ? Je n'ai vu que des couleurs ! » Un autre jour le petit Miguel, qui voulait embrasser la carrière des armes, assis sous un arbre, se délectait d'un roman de chevalerie quand, tout à coup, un tonnerre de ferraille le faisait sursauter : c'était un vieux fou du voisinage, un hobereau ruiné qui caracolait sur une haridelle et pointait sa lance rouillée contre un moulin. Au dîner, Miguel racontait l'incident avec des mines si drôles et si gentilles qu'il donnait le fou rire à tout le monde ; mais, plus tard, seul dans sa chambre, il jetait son roman sur le sol, le piétinait, sanglotait longuement.

Ces enfants vivaient dans l'erreur : ils croyaient agir et parler au hasard quand leurs moindres propos avaient pour but réel d'annoncer leur Destin. L'auteur et moi nous échangions des sourires attendris par-dessus leurs têtes ; je lisais la vie de ces faux médiocres comme Dieu l'avait conçue : en commençant par la fin. D'abord, je jubilais : c'étaient mes frères, leur gloire serait la mienne. Et puis tout basculait : je me retrouvais de l'autre côté de la page, *dans le livre* : l'enfance de Jean-Paul ressemblait à celles de Jean-Jacques et de Jean-Sébastien et rien ne lui arrivait qui ne fût largement prémonitoire. Seulement, cette fois-ci, c'était à mes petits-neveux que l'auteur faisait des clins d'œil. Moi, j'étais vu, de la mort à la naissance, par ces enfants futurs que je n'imaginais pas et je n'arrêtais pas de leur envoyer des messages indéchiffrables pour moi. Je frissonnais, transi par ma mort, sens véritable de tous mes gestes, dépossédé de moi-même, j'essayais de retraverser la page en sens inverse et de me retrouver du côté des lecteurs, je levais la tête, je demandais secours à la lumière : or *cela aussi,* c'était un message ; cette inquiétude soudaine, ce doute, ce mouvement des yeux et du cou, comment les interpréterait-on, en 2013, quand on aurait les deux clés qui devaient m'ouvrir, l'œuvre et le trépas ? Je ne pus sortir du livre : j'en avais depuis longtemps terminé la lecture mais j'en restais un personnage. Je m'épiais : une heure plus tôt j'avais babillé avec ma mère : qu'avais-je annoncé ? Je me rappelais quelques-uns de mes propos, je les répétais à voix haute, cela ne m'avançait pas. Les phrases glissaient, impénétrables ; à mes propres oreilles ma voix résonnait comme une étrangère, un ange filou me piratait mes pensées jusque dans ma tête et cet ange n'était autre qu'un blondinet du XXXe siècle, assis contre une fenêtre, qui m'observait à travers un livre. Avec une amoureuse horreur, je sentais son regard m'épingler à mon millénaire. Pour lui je me truquai : je fabriquai des mots à double sens que je lâchais en public. Anne-Marie me trouvait à mon pupitre, gribouillant, elle disait « Comme il fait sombre ! Mon petit chéri se crève les yeux. » C'était l'occasion de répondre en toute innocence : « Même dans le noir je pourrais écrire. » Elle riait, m'appelait petit sot, donnait de la lumière, le tour était joué, nous ignorions l'un et l'autre que je venais d'informer l'an trois mille de ma future infirmité. En effet, sur la fin de ma vie, plus aveugle encore que Beethoven ne fut sourd, je confectionnerais à tâtons mon dernier ouvrage : on retrouverait le manuscrit dans mes papiers, les gens diraient, déçus : « Mais c'est illisible ! » Il serait même question de le jeter à la poubelle. Pour finir la Bibliothèque municipale d'Aurillac le réclamerait par piété pure, il y resterait cent ans, oublié. Et puis, un jour, pour l'amour de moi, de jeunes érudits tenteraient de le déchiffrer : ils n'auraient pas trop de toute leur vie pour reconstituer ce qui, naturellement, serait mon chef-d'œuvre. Ma mère avait quitté la pièce, j'étais seul, je répétais pour moi-même, lentement, sans y penser, surtout : « Dans le noir ! » Il y avait un claquement sec : mon arrière-petit-neveu, là-haut, fermait son livre : il rêvait à l'enfance de son arrière-grand-oncle et des larmes roulaient sur ses joues : « C'est pourtant vrai, soupirait-il, il a écrit dans les ténèbres ! »

Je paradais devant des enfants à naître qui me ressemblaient trait pour trait, je me tirais des larmes en évoquant celles que je leur ferais verser. Je voyais ma mort par leurs yeux ; elle avait eu lieu, c'était ma vérité : je devins ma notice nécrologique.

Après avoir lu ce qui précède, un ami me considéra d'un air inquiet : « Vous étiez, me dit-il, encore plus atteint que je n'imaginais. » Atteint ? Je ne sais trop. Mon délire était manifestement travaillé. A mes yeux, la question principale serait plutôt celle de la sincérité. A neuf ans, je restais en deçà d'elle ; ensuite j'allai bien au-delà.

Au début, j'étais sain comme l'œil : un petit truqueur qui savait s'arrêter à temps. Mais je m'appliquais : jusque dans le bluff, je restais un fort en thème ; je tiens aujourd'hui mes batelages pour des exercices spirituels et mon insincérité pour la caricature d'une sincérité totale qui me frôlait sans cesse et m'échappait. Je n'avais pas *choisi* ma vocation : d'autres me l'avaient imposée. En fait il n'y avait rien eu : des mots en l'air, jetés par une vieille femme, et le machiavélisme de Charles. Mais il suffisait que je fusse convaincu. Les grandes personnes, établies dans mon âme, montraient du doigt mon étoile ; je ne la voyais pas mais je voyais le doigt, je croyais en elles qui prétendaient croire en moi. Elles m'avaient appris l'existence de grands morts — un d'eux futur — Napoléon, Thémistocle, Philippe Auguste, Jean-Paul Sartre. Je n'en doutais pas : c'eût été douter d'elles. Le dernier, simplement, j'eusse aimé le rencontrer face à face. Je béais, je me contorsionnais pour provoquer l'intuition qui m'eût comblé, j'étais une femme froide dont les convulsions sollicitent puis tentent de remplacer l'orgasme. La dira-t-on simulatrice ou juste un peu trop appliquée ? De toute façon je n'obtenais rien, j'étais toujours avant ou après l'impossible vision qui m'aurait découvert à moi-même et je me retrouvais, à la fin de mes exercices, douteux et n'ayant rien gagné sauf quelques beaux énervements. Fondé sur le principe d'autorité, sur l'indéniable bonté des grandes personnes, rien ne pouvait confirmer ni démentir mon mandat hors d'atteinte, cacheté, il restait en moi mais m'appartenait si peu que je n'avais jamais pu, fût-ce un instant, le mettre en doute, que j'étais incapable de le dissoudre et de l'assimiler.

Même profonde, jamais la foi n'est entière. Il faut la soutenir sans cesse ou, du moins, s'empêcher de la ruiner. J'étais voué, illustre, *j'avais* ma tombe au Père-Lachaise et peut-être au Panthéon, mon avenue à Paris, mes squares et mes places en province, à l'étranger : pourtant, au cœur de l'optimisme, invisible, innommé, je gardais le soupçon de mon inconsistance. A Sainte-Anne, un malade criait de son lit : « Je suis prince ! Qu'on mette le Grand-Duc aux arrêts. » On s'approchait, on lui disait à l'oreille : « Mouche-toi ! » et il se mouchait ; on lui deman-

dait : « Quel est ton métier ? », il répondait doucement : « Cordonnier » et repartait à crier. Nous
ressemblons tous à cet homme, j'imagine ; en tout
cas, moi, au début de ma neuvième année, je lui
ressemblais : j'étais prince et cordonnier.

Deux ans plus tard on m'eût donné pour guéri : le
prince avait disparu, le cordonnier ne croyait à rien,
je n'écrivais même plus ; jetés à la poubelle, égarés
ou brûlés, les cahiers de roman avaient fait place à
ceux d'analyse logique, de dictées, de calcul. Si
quelqu'un se fût introduit dans ma tête ouverte à tous
les vents, il y eût rencontré quelques bustes, une
table de multiplication aberrante et la règle de trois,
trente-deux départements avec chefs-lieux mais sans
sous-préfectures, une rose appelée rosarosarosamro-
særosærosa, des monuments historiques et littéraires,
quelques maximes de civilité gravées sur des stèles et
parfois, écharpe de brume traînant sur ce triste
jardin, une rêverie sadique. D'orpheline, point. De
preux, pas trace. Les mots de héros, de martyr et de
saint n'étaient inscrits nulle part, répétés par nulle
voix. L'ex-Pardaillan recevait tous les trimestres des
bulletins de santé satisfaisants : enfant d'intelligence
moyenne et d'une grande moralité, peu doué pour les
sciences exactes, imaginatif sans excès, sensible ;
normalité parfaite en dépit d'un certain maniérisme
d'ailleurs en régression. Or j'étais devenu tout à fait
fou. Deux événements, l'un public et l'autre privé,
m'avaient soufflé le peu de raison qui me restait.

Le premier fut une véritable surprise : au mois de
juillet 14, on comptait encore quelques méchants ;
mais le 2 août, brusquement, la vertu prit le pouvoir
et régna : tous les Français devinrent bons. Les
ennemis de mon grand-père se jetaient dans ses

bras, des éditeurs s'engagèrent, le menu peuple prophétisait : nos amis recueillaient les grandes paroles simples de leur concierge, du facteur, du plombier, et nous les rapportaient, tout le monde se récriait, sauf ma grand-mère, décidément suspecte. J'étais ravi : la France me donnait la comédie, je jouai la comédie pour la France. Pourtant la guerre m'ennuya vite : elle dérangeait si peu ma vie que je l'eusse oubliée sans doute ; mais je la pris en dégoût lorsque je m'aperçus qu'elle ruinait mes lectures. Mes publications préférées disparurent des kiosques à journaux ; Arnould Galopin, Jo Valle, Jean de la Hire abandonnèrent leurs héros familiers, ces adolescents, mes frères, qui faisaient le tour du monde en biplan, en hydravion, et qui luttaient à deux ou trois contre cent ; les romans colonialistes de l'avant-guerre cédèrent la place aux romans guerriers, peuplés de mousses, de jeunes Alsaciens et d'orphelins, mascottes de régiment. Je détestais ces nouveaux venus. Les petits aventuriers de la jungle, je les tenais pour des enfants prodiges parce qu'ils massacraient des indigènes qui, après tout, sont des adultes : enfant prodige moi-même, en eux je me reconnaissais. Mais, ces enfants de troupe, tout se passait en dehors d'eux. L'héroïsme individuel vacilla : contre les sauvages il était soutenu par la supériorité de l'armement ; contre les canons des Allemands que faire ? Il fallait d'autres canons, des artilleurs, une armée. Au milieu des courageux poilus qui lui flattaient la tête et qui le protégeaient, l'enfant prodige retombait en enfance ; j'y retombais avec lui. De temps en temps, l'auteur, par pitié, me chargeait de porter un message, les Allemands me capturaient, j'avais quelques fières ripostes et puis je m'évadais, je regagnais nos lignes et je m'acquittais de ma mission. On me félicitait, bien sûr, mais sans véritable enthousiasme et je ne retrouvais pas dans les yeux paternels du général le regard ébloui des veuves et des orphelins. J'avais perdu l'initiative : on gagnait les batailles, on gagnerait la guerre sans moi ; les grandes personnes reprenaient le monopole de l'héroïsme, il m'arrivait de ramasser le fusil d'un mort et de tirer quelques coups, mais jamais Arnould Galopin ni Jean de la Hire ne m'ont permis de charger à la baïonnette. Héros apprenti, j'attendais avec impatience d'avoir l'âge de m'engager. Ou plutôt non : c'était l'enfant de troupe qui attendait, c'était l'orphelin d'Alsace. Je me retirais d'eux, je fermais la brochure. Écrire, ce serait un long travail ingrat, je le savais, j'aurais toutes les patiences. Mais la lecture, c'était une fête : je voulais toutes les gloires tout de suite. Et quel avenir m'offrait-on ? Soldat ? La belle affaire ! Isolé, le poilu ne comptait pas plus qu'un enfant. Il montait à l'assaut avec les autres et c'était le régiment qui gagnait la bataille. Je ne me souciais pas de participer à des victoires communautaires. Quand Arnould Galopin voulait distinguer un militaire il ne trouvait rien de mieux que de l'envoyer au secours d'un capitaine blessé. Ce dévouement obscur m'agaçait : l'esclave sauvait le maître. Et puis, ce n'était qu'une prouesse d'occasion : en temps de guerre, le courage est la chose la mieux partagée ; avec un peu de chance, tout autre soldat en eût fait autant. J'enrageais : ce que je préférais dans l'héroïsme d'avant-guerre, c'était sa solitude et sa gratuité : je laissais derrière moi les pâles vertus quotidiennes, j'inventais l'homme à moi tout seul, par générosité ; *Le Tour du monde en hydravion, Les*

Aventures d'un gamin de Paris, *Les Trois Boy-Scouts*, tous ces textes sacrés me guidaient sur le chemin de la mort et de la résurrection. Et voilà que tout d'un coup, leurs auteurs m'avaient trahi : ils avaient mis l'héroïsme à portée de tous ; le courage et le don de soi devenaient des vertus quotidiennes ; pis encore, on les ravalait au rang des plus élémentaires devoirs. Le changement du décor était à l'image de cette métamorphose : les brumes collectives de l'Argonne avaient remplacé le gros soleil unique et la lumière individualiste de l'Équateur.

Après une interruption de quelques mois, je résolus de reprendre la plume pour écrire un roman selon mon cœur et donner à ces Messieurs une bonne leçon. C'était en octobre 14, nous n'avions pas quitté Arcachon. Ma mère m'acheta des cahiers, tous pareils ; sur leur couverture mauve on avait figuré Jeanne d'Arc casquée, signe des temps. Avec la protection de la Pucelle, je commençai l'histoire du soldat Perrin : il enlevait le Kaiser, le ramenait ligoté dans nos lignes, puis, devant le régiment rassemblé, le provoquait en combat singulier, le terrassait, l'obligeait, le couteau sur la gorge, à signer une paix infamante, à nous rendre l'Alsace-Lorraine. Au bout d'une semaine mon récit m'assomma. Le duel, j'en avais emprunté l'idée à des romans de cape et d'épée : Stoerte-Becker entrait, fils de famille et proscrit, dans une taverne de brigands ; insulté par un hercule, le chef de la bande, il le tuait à coups de poings, prenait sa place et ressortait, roi des truands, juste à temps pour embarquer ses troupes sur un bateau pirate. Des lois immuables et strictes régissaient la cérémonie : il fallait que le champion du Mal passât pour invincible, que celui du Bien se battît

sous les huées et que sa victoire inattendue glaçât
d'effroi les railleurs. Mais moi, dans mon inexpé-
rience, j'avais enfreint toutes les règles et fait le
contraire de ce que je souhaitais : pour costaud qu'il
pût être, le Kaiser n'était pas un gros bras, on savait
d'avance que Perrin, athlète magnifique, n'en ferait
qu'une bouchée. Et puis, le public lui était hostile,
nos poilus lui criaient leur haine : par un renverse-
ment qui me laissa pantois, Guillaume II, criminel
mais seul, couvert de quolibets et de crachats, usurpa
sous mes yeux le royal délaissement de mes héros.

Il y avait bien pis. Jusqu'alors rien n'avait confirmé
ni démenti ce que Louise appelait mes « élucubra-
tions » : l'Afrique était vaste, lointaine, sous-peu-
plée, les informations manquaient, personne n'était
en mesure de prouver que mes explorateurs ne s'y
trouvaient pas, qu'ils ne faisaient pas le coup de feu
contre les Pygmées à l'heure même où je racontais
leur combat. Je n'allais pas jusqu'à me prendre pour
leur historiographe mais on m'avait tant parlé de la
vérité des œuvres romanesques que je pensais dire le
vrai à travers mes fables, d'une manière qui m'échappait encore mais qui sauterait aux yeux de mes futurs
lecteurs. Or, en ce mois d'octobre malencontreux,
j'assistai, impuissant, au télescopage de la fiction et
de la réalité : le Kaiser né de ma plume, vaincu,
ordonnait le cessez-le-feu ; il *fallait* donc en bonne
logique que notre automne vît le retour de la paix,
mais justement les journaux et les adultes répétaient
matin et soir qu'on s'installait dans la guerre et
qu'elle allait durer. Je me sentis mystifié : j'étais un
imposteur, je racontais des sornettes que personne
ne voudrait croire : bref je découvris l'imagination.
Pour la première fois de ma vie je me relus. Le rouge

au front. C'était moi, *moi* qui m'étais complu à ces fantasmes puérils ? Il s'en fallut de peu que je ne renonçasse à la littérature. Finalement j'emportai mon cahier sur la plage et je l'ensevelis dans le sable. Le malaise se dissipa ; je repris confiance : j'étais voué sans aucun doute ; simplement, les Belles-Lettres avaient leur secret, qu'elles me révéleraient un jour. En attendant, mon âge me commandait une réserve extrême. Je n'écrivis plus.

Nous revînmes à Paris. J'abandonnai pour toujours Arnould Galopin et Jean de la Hire : je ne pouvais pardonner à ces opportunistes d'avoir eu raison contre moi. Je boudai la guerre, épopée de la médiocrité ; aigri, je désertai l'époque et me réfugiai dans le passé. Quelques mois plus tôt, à la fin de 1913, j'avais découvert *Nick Carter, Buffalo Bill, Texas Jack, Sitting Bull* : dès le début des hostilités, ces publications disparurent : mon grand-père prétendit que l'éditeur était allemand. Heureusement, on trouvait chez les revendeurs des quais la plupart des livraisons parues. Je traînai ma mère sur les bords de la Seine, nous entreprîmes de fouiller les boîtes une à une de la gare d'Orsay à la gare d'Austerlitz : il nous arrivait de rapporter quinze fascicules à la fois ; j'en eus bientôt cinq cents. Je les disposais en piles régulières, je ne me lassais pas de les compter, de prononcer à voix haute leurs titres mystérieux : *Un crime en ballon, Le Pacte avec le Diable, Les Esclaves du baron Moutoushimi, La Résurrection de Dazaar.* J'aimais qu'ils fussent jaunis, tachés, racornis, avec une étrange odeur de feuilles mortes : *c'étaient* des feuilles mortes, des ruines puisque la guerre avait tout arrêté ; je savais que l'ultime aventure de l'homme à la longue chevelure me resterait pour

toujours inconnue, que j'ignorerais toujours la dernière enquête du roi des détectives : ces héros
solitaires étaient comme moi victimes du conflit
mondial et je les en aimais davantage. Pour délirer de
joie, il me suffisait de contempler les gravures en
couleurs qui ornaient les couvertures. Buffalo Bill, à
cheval, galopait dans la prairie, tantôt poursuivant,
tantôt fuyant les Indiens. Je préférais les illustrations
de Nick Carter. On peut les trouver monotones : sur
presque toutes le grand détective assomme ou se fait
matraquer. Mais ces rixes avaient lieu dans les rues
de Manhattan, terrains vagues, bordés de palissades
brunes ou de frêles constructions cubiques couleur de
sang séché : cela me fascinait, j'imaginais une ville
puritaine et sanglante dévorée par l'espace et dissi-
mulant à peine la savane qui la portait : le crime et la
vertu y étaient l'un et l'autre hors la loi ; l'assassin et
le justicier, libres et souverains l'un et l'autre,
s'expliquaient le soir, à coups de couteau. En cette
cité comme en Afrique, sous le même soleil de feu,
l'héroïsme redevenait une improvisation perpétuelle : ma passion pour New York vient de là.

J'oubliai conjointement la guerre et mon mandat.
Lorsqu'on me demandait : « Qu'est-ce que tu feras
quand tu seras grand ? » je répondais aimablement,
modestement que j'écrirais, mais j'avais abandonné
mes rêves de gloire et les exercices spirituels. Grâce à
cela, peut-être, les années quatorze furent les plus
heureuses de mon enfance. Ma mère et moi nous
avions le même âge et nous ne nous quittions pas.
Elle m'appelait son chevalier servant, son petit
homme ; je lui disais tout. Plus que tout : rentrée,
l'écriture se fit babil et ressortit par ma bouche ; je
décrivais ce que je voyais, ce qu'Anne-Marie voyait

aussi bien que moi, les maisons, les arbres, les gens, je me donnais des sentiments pour le plaisir de lui en faire part, je devins un transformateur d'énergie ; le monde usait de moi pour se faire parole. Cela commençait par un bavardage anonyme dans ma tête : quelqu'un disait : « Je marche, je m'assieds, je bois un verre d'eau, je mange une praline. » Je répétais à voix haute ce commentaire perpétuel : « Je marche, maman, je bois un verre d'eau, je m'assieds. » Je crus avoir deux voix dont l'une — qui m'appartenait à peine et ne dépendait pas de ma volonté — dictait à l'autre ses propos ; je décidai que j'étais double. Ces troubles légers persistèrent jusqu'à l'été : ils m'épuisaient, je m'en agaçais et je finis par prendre peur. « Ça parle dans ma tête », dis-je à ma mère qui, par chance, ne s'inquiéta pas.

Cela ne gâchait pas mon bonheur ni notre union. Nous eûmes nos mythes, nos tics de langage, nos plaisanteries rituelles. Pendant près d'une année je terminai mes phrases, au moins une fois sur dix, par ces mots prononcés avec une résignation ironique : « Mais ça ne fait rien. » Je disais : « Voilà un grand chien blanc. Il n'est pas blanc, il est gris mais ça ne fait rien. » Nous prîmes l'habitude de nous raconter les menus incidents de notre vie en style épique à mesure qu'ils se produisaient ; nous parlions de nous à la troisième personne du pluriel. Nous attendions l'autobus, il passait devant nous sans s'arrêter ; l'un de nous s'écriait alors : « Ils frappèrent du pied le sol en maudissant le ciel » et nous nous mettions à rire. En public nous avions nos connivences : un clin d'œil suffisait. Dans un magasin, dans un salon de thé, la vendeuse nous semblait comique, ma mère me disait en sortant : « Je ne t'ai pas regardé, j'avais peur de lui pouffer au nez », et je me sentais fier de mon pouvoir : il n'y a pas tant d'enfants qui sachent d'un seul regard faire pouffer leur mère. Timides, nous avions peur ensemble : un jour, sur les quais, j'avais découvert douze numéros de Buffalo Bill que je ne possédais pas encore ; elle se disposait à les payer quand un homme s'approcha, gras et pâle, avec des yeux charbonneux, des moustaches cirées, un canotier et cet aspect comestible qu'affectaient volontiers les beaux garçons de l'époque. Il regardait fixement ma mère, mais c'est à moi qu'il s'adressa : « On te gâte, petit, on te gâte ! » répétait-il avec précipitation. D'abord, je ne fis que m'offenser : on ne me tutoyait pas si vite ; mais je surpris son regard maniaque et nous ne fîmes plus, Anne-Marie et moi, qu'une seule jeune fille effarouchée qui bondit en arrière. Déconcerté, le monsieur s'éloigna : j'ai oublié des milliers de visages, mais cette face de saindoux, je me la rappelle encore ; j'ignorais tout de la chair et je n'imaginais pas ce que cet homme nous voulait mais l'évidence du désir est telle qu'il me semblait comprendre et que, d'une certaine manière, tout m'était dévoilé. Ce désir, je l'avais ressenti à travers Anne-Marie ; à travers elle, j'appris à flairer le mâle, à le craindre, à le détester. Cet incident resserra nos liens : je trottinais d'un air dur, la main dans la main de ma mère et j'étais sûr de la protéger. Est-ce le souvenir de ces années ? Aujourd'hui encore, je ne puis voir sans plaisir un enfant trop sérieux parler gravement, tendrement à sa mère enfant ; j'aime ces douces amitiés sauvages qui naissent loin des hommes et contre eux. Je regarde longuement ces couples puérils et puis je me rappelle que je suis un homme et je détourne la tête.

Le deuxième événement se produisit en octobre 1915 : j'avais dix ans et trois mois, on ne pouvait songer à me garder plus longtemps sous séquestre. Charles Schweitzer musela ses rancunes et me fit inscrire au petit lycée Henri-IV en qualité d'externe.

A la première composition, je fus dernier. Jeune féodal, je tenais l'enseignement pour un lien personnel : Mlle Marie-Louise m'avait donné son savoir par amour, je l'avais reçu par bonté, pour l'amour d'elle. Je fus déconcerté par ces cours *ex cathedra* qui s'adressaient à tous, par la froideur démocratique de la loi. Soumis à des comparaisons perpétuelles, mes supériorités rêvées s'évanouirent : il se trouvait toujours quelqu'un pour répondre mieux ou plus vite que moi. J'étais trop aimé pour me remettre en question : j'admirais de bon cœur mes camarades et je ne les enviais pas : j'aurais mon tour. A cinquante ans. Bref, je me perdais sans souffrir ; saisi d'un affolement sec, je remettais avec zèle des copies exécrables. Déjà mon grand-père fronçait les sourcils ; ma mère se hâta de demander un rendez-vous à M. Ollivier, mon professeur principal. Il nous reçut dans son petit appartement de célibataire ; ma mère avait pris sa voix chantante ; debout contre son fauteuil, je l'écoutais en regardant le soleil à travers la poussière des carreaux. Elle s'efforça de prouver que je valais mieux que mes devoirs : j'avais appris à lire tout seul, j'écrivais des romans ; à bout d'arguments elle révéla que j'étais né à dix mois : mieux cuit que les autres, plus doré, plus croustillant pour être resté plus longtemps au four. Sensible à ses charmes plus qu'à mes mérites, M. Ollivier l'écoutait attentivement. C'était un grand homme, décharné, chauve et tout en crâne, avec des yeux caves, un teint

de cire et, sous un long nez busqué, quelques poils
roux. Il refusa de me donner des leçons particulières,
mais promit de me « suivre ». Je n'en demandais pas
plus : je guettais son regard pendant les cours ; il ne
parlait que pour moi, j'en étais sûr ; je crus qu'il
m'aimait, je l'aimais, quelques bonnes paroles firent
le reste : je devins sans effort un assez bon élève.
Mon grand-père grommelait en lisant les bulletins
trimestriels, mais il ne songeait plus à me retirer du
lycée. En cinquième, j'eus d'autres professeurs, je
perdis mon traitement de faveur mais je m'étais
habitué à la démocratie.

Mes travaux scolaires ne me laissaient pas le temps
d'écrire ; mes nouvelles fréquentations m'en ôtèrent
jusqu'au désir. Enfin j'avais des camarades ! Moi,
l'exclu des jardins publics, on m'avait adopté du
premier jour et le plus naturellement du monde : je
n'en revenais pas. A vrai dire mes amis semblaient
plus proches de moi que des jeunes Pardaillan qui
m'avaient brisé le cœur : c'étaient des externes, des
fils à maman, des élèves appliqués. N'importe :
j'exultais. J'eus deux vies. En famille, je continuai de
singer l'homme. Mais les enfants entre eux détestent
l'enfantillage : ce sont des hommes pour de vrai.
Homme parmi les hommes, je sortais du lycée tous
les jours en compagnie des trois Malaquin, Jean,
René, André, de Paul et de Norbert Meyre, de Brun,
de Max Bercot, de Grégoire, nous courions en criant
sur la place du Panthéon, c'était un moment de
bonheur grave : je me lavais de la comédie familiale ;
loin de vouloir briller, je riais en écho, je répétais les
mots d'ordre et les bons mots, je me taisais, j'obéis-
sais, j'imitais les gestes de mes voisins, je n'avais

qu'une passion : m'intégrer. Sec, dur et gai, je me sentais d'acier, enfin délivré du péché d'exister : nous jouions à la balle, entre l'hôtel des Grands Hommes et la statue de Jean-Jacques Rousseau, j'étais indispensable : *the right man in the right place*. Je n'enviais plus rien à M. Simonnot : à qui Meyre, feintant Grégoire, aurait-il fait sa passe si je n'avais été, *moi, ici présent, maintenant*? Comme ils paraissaient fades et funèbres mes rêves de gloire auprès de ces intuitions fulgurantes qui me découvraient ma nécessité.

Par malheur elles s'éteignaient plus vite qu'elles ne s'allumaient. Nos jeux nous « surexcitaient », comme disaient nos mères, et transformaient parfois nos groupes en une petite foule unanime qui m'engloutissait ; mais nous ne pûmes jamais oublier longtemps nos parents dont l'invisible présence nous faisait vite retomber dans la solitude en commun des colonies animales. Sans but, sans fin, sans hiérarchie, notre société oscillait entre la fusion totale et la juxtaposition. Ensemble, nous vivions dans la vérité mais nous ne pouvions pas nous défendre du sentiment qu'on nous prêtait les uns aux autres et que nous appartenions chacun à des collectivités étroites, puissantes et primitives, qui forgeaient des mythes fascinants, se nourrissaient d'erreur et nous imposaient leur arbitraire. Choyés et bien-pensants, sensibles, raisonneurs, effarouchés par le désordre, détestant la violence et l'injustice, unis et séparés par la conviction tacite que le monde avait été créé pour notre usage et que nos parents respectifs étaient les meilleurs du monde, nous avions à cœur de n'offenser personne et de demeurer courtois jusque dans nos jeux. Moqueries et quolibets en étaient sévèrement proscrits ; celui qui s'emportait, le groupe entier l'entourait, l'apaisait, l'obligeait à s'excuser, c'était sa propre mère qui le tançait par la bouche de Jean Malaquin ou de Norbert Meyre. Toutes ces dames se connaissaient, d'ailleurs, et se traitaient cruellement : elles se rapportaient nos propos, nos critiques, les jugements de chacun sur tous ; nous autres, les fils, nous nous cachions les leurs. Ma mère revint outrée d'une visite à Mme Malaquin qui lui avait dit tout net : « André trouve que Poulou fait des embarras. » Cette réflexion ne me troubla pas : ainsi parlent les mères entre elles ; je n'en voulus point à André et ne lui soufflai mot de l'affaire. Bref, nous respections le monde entier, les riches et les pauvres, les soldats et les civils, les jeunes et les vieux, les hommes et les bêtes : nous n'avions de mépris que pour les demi-pensionnaires et les internes : il fallait qu'ils fussent bien coupables pour que leur famille les eût abandonnés ; peut-être avaient-ils de mauvais parents, mais cela n'arrangeait rien : les enfants ont les pères qu'ils méritent. Le soir, après quatre heures, quand les externes libres l'avaient quitté, le lycée devenait un coupe-gorge.

Des amitiés si précautionneuses ne vont pas sans quelque froideur. Aux vacances, nous nous séparions sans regret. Pourtant, j'aimais Bercot. Fils de veuve, c'était mon frère. Il était beau, frêle et doux ; je ne me lassais pas de regarder ses longs cheveux noirs peignés à la Jeanne d'Arc. Mais surtout, nous avions, l'un et l'autre, l'orgueil d'avoir tout lu et nous nous isolions dans un coin du préau pour parler littérature, c'est-à-dire pour recommencer cent fois, toujours avec plaisir, l'énumération des ouvrages qui nous étaient passés par les mains. Un jour, il me regarda d'un air maniaque et me confia qu'il voulait écrire. Je l'ai retrouvé plus tard en rhétorique, toujours beau mais tuberculeux : il est mort à dix-huit ans.

Tous, même le sage Bercot, nous admirions Bénard, un garçon frileux et rond qui ressemblait à un poussin. Le bruit de ses mérites était parvenu jusqu'aux oreilles de nos mères qui s'en agaçaient un peu mais ne se lassaient pas de nous le donner en exemple sans parvenir à nous dégoûter de lui. Qu'on juge de notre partialité : il était demi-pensionnaire et nous l'en aimions davantage ; à nos yeux, c'était un externe d'honneur. Le soir, sous la lampe familiale, nous pensions à ce missionnaire qui restait dans la jungle pour convertir les cannibales de l'internat et nous avions moins peur. Il est juste de dire que les internes eux-mêmes le respectaient. Je ne vois plus très clairement les raisons de ce consentement unanime. Bénard était doux, affable, sensible ; avec cela premier partout. Et puis, sa maman se privait pour lui. Nos mères ne fréquentaient pas cette couturière mais elles nous parlaient d'elle souvent pour nous faire mesurer la grandeur de l'amour maternel ; nous ne pensions qu'à Bénard : il était le flambeau, la joie de cette malheureuse ; nous mesurions la grandeur de l'amour filial ; tout le monde, pour finir, s'attendrissait sur ces bons pauvres. Pourtant, cela n'eût pas suffi : la vérité, c'est que Bénard ne vivait qu'à demi ; je ne l'ai jamais vu sans un gros foulard de laine ; il nous souriait gentiment mais parlait peu et je me rappelle qu'on lui avait défendu de se mêler à nos jeux. Pour ma part, je le vénérais d'autant plus que sa fragilité nous séparait de lui : on l'avait mis sous verre ; il nous faisait des saluts et des signes derrière la vitre mais nous ne l'approchions pas : nous le

chérissions de loin parce qu'il avait, de son vivant,
l'effacement des symboles. L'enfance est conformiste : nous lui étions reconnaissants de pousser la
perfection jusqu'à l'impersonnalité. S'il causait avec
nous, l'insignifiance de ses propos nous ravissait
d'aise ; jamais nous ne le vîmes en colère ou trop gai ;
en classe, il ne levait jamais le doigt, mais lorsqu'on
l'interrogeait, la Vérité parlait par sa bouche ; sans
hésitation et sans zèle, tout juste comme doit parler
la Vérité. Il frappait d'étonnement notre gang
d'enfants prodiges parce qu'il était le meilleur sans
être prodigieux. En ce temps-là, nous étions tous plus
ou moins orphelins de père : ces Messieurs étaient
morts ou au front, ceux qui restaient, diminués,
dévirilisés, cherchaient à se faire oublier de leurs fils ;
c'était le règne des mères : Bénard nous reflétait les
vertus négatives de ce matriarcat.

A la fin de l'hiver, il mourut. Les enfants et les
soldats ne se soucient guère des morts : pourtant
nous fûmes quarante à sangloter derrière son cercueil. Nos mères veillaient : l'abîme fut recouvert de
fleurs ; elles firent tant que nous tînmes cette disparition pour un superprix d'excellence décerné en cours
d'année. Et puis Bénard vivait si peu qu'il ne mourut
pas vraiment : il resta parmi nous, présence diffuse et
sacrée. Notre moralité fit un bond : nous avions
notre cher défunt, nous parlions de lui à voix basse,
avec un plaisir mélancolique. Peut-être serions-nous,
comme lui, prématurément emportés : nous imaginions les larmes de nos mères et nous nous sentions
précieux. Ai-je rêvé, pourtant ? Je garde confusé-
ment le souvenir d'une atroce évidence : cette couturière, cette veuve, elle avait *tout* perdu. Ai-je vraiment étouffé d'horreur à cette pensée ? Ai-je entrevu

le Mal, l'absence de Dieu, un monde inhabitable ? Je
le crois : pourquoi, sinon, dans mon enfance reniée,
oubliée, perdue, l'image de Bénard aurait-elle gardé
sa netteté douloureuse ?

Quelques semaines plus tard, la classe de cinquième A I fut le théâtre d'un événement singulier :
pendant le cours de latin la porte s'ouvrit, Bénard
entra, escorté du concierge, salua M. Durry, notre
professeur, et s'assit. Nous reconnûmes tous ses
lunettes de fer, son cache-nez, son nez un peu
busqué, son air de poussin frileux : je crus que Dieu
nous le rendait. M. Durry sembla partager notre
stupeur : il s'interrompit, respira fortement et
demanda : « Nom, prénoms, qualité, profession des
parents. » Bénard répondit qu'il était demi-pensionnaire et fils d'ingénieur, qu'il s'appelait Paul-Yves
Nizan. J'étais le plus frappé de tous ; à la récréation
je lui fis des avances, il y répondit : nous étions liés.
Un détail pourtant me fit pressentir que je n'avais pas
affaire à Bénard mais à son simulacre satanique :
Nizan louchait. Il était trop tard pour en tenir
compte : j'avais aimé dans ce visage l'incarnation du
Bien ; je finis par l'aimer pour lui-même. J'étais pris
au piège, mon penchant pour la vertu m'avait conduit
à chérir le Diable. A vrai dire, le pseudo-Bénard
n'était pas bien méchant : il vivait, voilà tout ; il avait
toutes les qualités de son sosie, mais flétries. En lui,
la réserve de Bénard tournait à la dissimulation :
terrassé par des émotions violentes et passives, il ne
criait pas mais nous l'avons vu blanchir de colère,
bégayer : ce que nous prenions pour de la douceur
n'était qu'une paralysie momentanée ; ce n'était pas
la vérité qui s'exprimait par sa bouche mais une sorte
d'objectivité cynique et légère qui nous mettait mal à

l'aise parce que nous n'en avions pas l'habitude et, quoiqu'il adorât ses parents, bien entendu, il était le seul à parler d'eux ironiquement. En classe, il brillait moins que Bénard ; par contre, il avait beaucoup lu et souhaitait écrire. Bref, c'était une personne complète et rien ne m'étonnait plus que de voir une personne sous les traits de Bénard. Obsédé par cette ressemblance, je ne savais jamais s'il fallait le louer d'offrir l'apparence de la vertu ou le blâmer de n'en avoir que l'apparence et je passais sans cesse de la confiance aveugle à la défiance irraisonnée. Nous ne devînmes de vrais amis que beaucoup plus tard, après une longue séparation.

Pendant deux ans ces événements et ces rencontres suspendirent mes ruminations sans en éliminer la cause. De fait, en profondeur, rien n'avait changé : ce mandat en moi déposé par les adultes sous pli scellé, je n'y pensais plus mais il subsistait. Il s'empara de ma personne. A neuf ans, jusque dans mes pires excès je me surveillais. A dix, je me perdis de vue. Je courais avec Brun, je causais avec Bercot, avec Nizan : pendant ce temps, abandonnée à elle-même, ma fausse mission prit du corps et, finalement, bascula dans ma nuit ; je ne la revis plus, elle me fit, elle exerçait sa force d'attraction sur tout, courbant les arbres et les murs, voûtant le ciel au-dessus de ma tête. Je m'étais pris pour un prince, ma folie fut de l'être. Névrose caractérielle, dit un analyste de mes amis. Il a raison : entre l'été 14 et l'automne de 1916 mon mandat est devenu mon caractère ; mon délire a quitté ma tête pour se couler dans mes os.

Il ne m'arrivait rien de neuf : je retrouvais intact

ce que j'avais joué, prophétisé. Une seule différence : sans connaissance, sans mots, en aveugle je
réalisai tout. Auparavant, je me représentais ma vie
par des images : c'était ma mort provoquant ma
naissance, c'était ma naissance me jetant vers ma
mort ; dès que je renonçais à la voir, je devins moi-
même cette réciprocité, je me tendis à craquer entre
ces deux extrêmes, naissant et mourant à chaque
battement de cœur. Mon éternité future devint mon
avenir concret : elle frappait chaque instant de frivo-
lité, elle fut, au centre de l'attention la plus profonde,
une distraction plus profonde encore, le vide de toute
plénitude, l'irréalité légère de la réalité ; elle tuait, de
loin, le goût d'un caramel dans ma bouche, les
chagrins et les plaisirs dans mon cœur ; mais elle
sauvait le moment le plus nul par cette seule raison
qu'il venait en dernier et qu'il me rapprochait d'elle ;
elle me donna la patience de vivre : jamais plus je ne
souhaitai sauter vingt années, en feuilleter vingt
autres, jamais plus je n'imaginai les jours lointains de
mon triomphe ; j'attendis. A chaque minute j'attendis la prochaine parce qu'elle tirait à soi celle qui
suivait. Je vécus sereinement dans l'extrême
urgence : toujours en avant de moi-même, tout
m'absorbait, rien ne me retenait. Quel soulagement !
Autrefois mes journées se ressemblaient si fort que je
me demandais parfois si je n'étais pas condamné à
subir l'éternel retour de la même. Elles n'avaient pas
beaucoup changé, elles gardaient la mauvaise habitude de s'affaler en tremblotant ; mais *moi,* j'avais
changé en elles : ce n'était plus le temps qui refluait
sur mon enfance immobile, c'était moi, flèche déco-
chée par ordre, qui trouais le temps et filais droit au
but. En 1948, à Utrecht, le professeur Van Lennep

me montrait des tests projectifs. Une certaine carte
retint mon attention : on y avait figuré un cheval au
galop, un homme en marche, un aigle en plein vol,
un canot automobile bondissant; le sujet devait
désigner la vignette qui lui donnait le plus fort
sentiment de vitesse. Je dis : « C'est le canot. » Puis
je regardai curieusement le dessin qui s'était si
brutalement imposé : le canot semblait décoller du
lac, dans un instant il planerait au-dessus de ce
marasme onduleux. La raison de mon choix m'apparut tout de suite : à dix ans j'avais eu l'impression que
mon étrave fendait le présent et m'en arrachait;
depuis lors j'ai couru, je cours encore. La vitesse ne
se marque pas tant, à mes yeux, par la distance
parcourue en un laps de temps défini que par le
pouvoir d'arrachement.

Il y a plus de vingt ans, un soir qu'il traversait la
place d'Italie, Giacometti fut renversé par une auto.
Blessé, la jambe tordue, dans l'évanouissement
lucide où il était tombé il ressentit d'abord une
espèce de joie. « Enfin quelque chose m'arrive. » Je
connais son radicalisme : il attendait le pire; cette vie
qu'il aimait au point de n'en souhaiter aucune autre,
elle était bousculée, brisée peut-être par la stupide
violence du hasard : « Donc, se disait-il, je n'étais
pas fait pour sculpter, pas même pour vivre, je n'étais
fait pour rien. » Ce qui l'exaltait c'était l'ordre
menaçant des causes tout à coup démasqué et de
fixer sur les lumières de la ville, sur les hommes, sur
son propre corps plaqué dans la boue le regard
pétrifiant d'un cataclysme : pour un sculpteur le
règne minéral n'est jamais loin. J'admire cette
volonté de tout accueillir. Si l'on aime les surprises il
faut les aimer jusque-là, jusqu'à ces rares fulgura-

tions qui révèlent aux amateurs que la terre n'est pas faite pour eux.

A dix ans, je prétendais n'aimer qu'elles. Chaque maillon de ma vie devait être imprévu, sentir la peinture fraîche. Je consentais d'avance aux contretemps, aux mésaventures et, pour être juste, il faut dire que je leur faisais bon visage. Un soir l'électricité s'éteignit : une panne ; on m'appela d'une autre pièce, j'avançai les bras écartés et j'allai donner de la tête contre un battant de porte si fort que je me cassai une dent. Cela m'amusa, malgré la douleur, j'en ris. Comme Giacometti devait plus tard rire de sa jambe mais pour des raisons diamétralement opposées. Puisque j'avais décidé d'avance que mon histoire aurait un dénouement heureux, l'imprévu ne pouvait être qu'un leurre, la nouveauté qu'une apparence, l'exigence des peuples, en me faisant naître, avait tout réglé : je vis dans cette dent cassée un signe, une monition obscure que je comprendrais plus tard. Autrement dit, je conservais l'ordre des fins en toute circonstance, à tout prix ; je regardais ma vie à travers mon décès et ne voyais qu'une mémoire close dont rien ne pouvait sortir, où rien n'entrait. Imagine-t-on ma sécurité ? Les hasards n'existaient pas : je n'avais affaire qu'à leurs contrefaçons providentielles. Les journaux donnaient à croire que des forces éparses traînaient par les rues, fauchaient les petites gens : moi, le prédestiné, je n'en rencontrerais pas. Peut-être perdrais-je un bras, une jambe, les deux yeux. Mais tout était dans la manière : mes infortunes ne seraient jamais que des épreuves, que des moyens de faire un livre. J'appris à supporter les chagrins et les maladies : j'y vis les prémices de ma mort triomphale, les degrés qu'elle taillait pour m'élever jusqu'à elle. Cette sollicitude un peu brutale ne me déplaisait pas et j'avais à cœur de m'en montrer digne. Je tenais le pire pour la condition du meilleur ; mes fautes elles-mêmes servaient, ce qui revenait à dire que je n'en commettais pas. A dix ans, j'étais sûr de moi : modeste, intolérable, je voyais dans mes déconfitures les conditions de ma victoire posthume. Aveugle ou cul-de-jatte, fourvoyé par mes erreurs, je gagnerais la guerre à force de perdre les batailles. Je ne faisais pas de différence entre les épreuves réservées aux élus et les échecs dont je portais la responsabilité, cela signifie que mes crimes me paraissaient, au fond, des infortunes et que je revendiquais mes malheurs comme des fautes, de fait, je ne pouvais attraper de maladie, fût-ce la rougeole ou le coryza, sans me déclarer coupable : j'avais manqué de vigilance, j'avais oublié de mettre mon manteau, mon foulard. J'ai toujours mieux aimé m'accuser que l'univers ; non par bonhomie : pour ne me tenir que de moi. Cette arrogance n'excluait pas l'humilité : je me croyais faillible d'autant plus volontiers que mes défaillances étaient forcément le chemin le plus court pour aller au Bien. Je m'arrangeais pour ressentir dans le mouvement de ma vie une irrésistible attraction qui me contraignait sans cesse, fût-ce en dépit de moi-même, à faire de nouveaux progrès.

Tous les enfants savent qu'ils progressent. D'ailleurs on ne leur permet pas de l'ignorer : « Des progrès à faire, en progrès, progrès sérieux et réguliers... » Les grandes personnes nous racontaient l'Histoire de France : après la première République, cette incertaine, il y avait eu la deuxième et puis la troisième qui était la bonne : jamais deux sans trois.

L'optimisme bourgeois se résumait alors dans le programme des radicaux : abondance croissante des biens, suppression du paupérisme par la multiplication des lumières et de la petite propriété. Nous autres, jeunes Messieurs, on l'avait mis à notre portée et nous découvrions, satisfaits, que nos progrès individuels reproduisaient ceux de la Nation. Ils étaient rares, pourtant, ceux qui voulaient s'élever au-dessus de leurs pères : pour la plupart, il ne s'agissait que d'atteindre l'âge d'homme ; ensuite ils cesseraient de grandir et de se développer : c'était le monde, autour d'eux, qui deviendrait spontanément meilleur et plus confortable. Certains d'entre nous attendaient ce moment dans l'impatience, d'autres dans la peur et d'autres dans les regrets. Pour moi, avant d'être voué, je grandissais dans l'indifférence : la robe prétexte, je m'en foutais. Mon grand-père me trouvait minuscule et s'en désolait : « Il aura la taille des Sartre », disait ma grand-mère pour l'agacer. Il feignait de ne pas entendre, se plantait devant moi et me toisait : « Il pousse ! » disait-il enfin sans trop de conviction. Je ne partageais ni ses inquiétudes ni ses espoirs : les mauvaises herbes poussent, elles aussi ; preuve qu'on peut devenir grand sans cesser d'être mauvais. Mon problème alors, c'était d'être bon *in aeternum*. Tout changea quand ma vie prit de la vitesse : il ne suffisait plus de bien faire, il fallait faire *mieux* à toute heure. Je n'eus plus qu'une loi : grimper. Pour nourrir mes prétentions et pour en masquer la démesure je recourus à l'expérience commune : dans les progrès vacillants de mon enfance je voulus voir les premiers effets de mon destin. Ces améliorations vraies mais petites et très ordinaires me donnèrent l'illusion d'éprouver ma force ascensionnelle. Enfant public, j'adoptai en public le mythe de ma classe et de ma génération : on profite de l'acquis, on capitalise l'expérience, le présent s'enrichit de tout le passé. Dans la solitude j'étais loin de m'en satisfaire. Je ne pouvais pas admettre qu'on reçût l'être du dehors, qu'il se conservât par inertie ni que les mouvements de l'âme fussent les effets des mouvements antérieurs. Né d'une attente future je bondissais, lumineux, total et chaque instant répétait la cérémonie de ma naissance : je voulais voir dans les affections de mon cœur un crépitement d'étincelles. Pourquoi donc le passé m'eût-il enrichi ? Il ne m'avait pas fait, c'était moi, au contraire, ressuscitant de mes cendres, qui arrachais du néant ma mémoire par une création toujours recommencée. Je renaissais meilleur et j'utilisais mieux les inertes réserves de mon âme par la simple raison que la mort, à chaque fois, plus proche, m'éclairait plus vivement de son obscure lumière. On me disait souvent : le passé nous pousse, mais j'étais convaincu que l'avenir me tirait ; j'aurais détesté sentir en moi des forces douces à l'ouvrage, l'épanouissement lent de mes dispositions. J'avais fourré le progrès continu des bourgeois dans mon âme et j'en faisais un moteur à explosion ; j'abaissai le passé devant le présent et celui-ci devant l'avenir, je transformai un évolutionnisme tranquille en un catastrophisme révolutionnaire et discontinu. On m'a fait remarquer, il y a quelques années, que les personnages de mes pièces et de mes romans prennent leurs décisions brusquement et par crise, qu'il suffit d'un instant, par exemple, pour que l'Oreste des *Mouches* accomplisse sa conversion. Parbleu : c'est que je les fais à mon image ; non point tels que je suis, sans doute, mais tels que j'ai voulu être.

Je devins traître et je le suis resté. J'ai beau me mettre entier dans ce que j'entreprends, me donner sans réserve au travail, à la colère, à l'amitié, dans un instant je me renierai, je le sais, je le veux et je me trahis déjà, en pleine passion, par le pressentiment joyeux de ma trahison future. En gros, je tiens mes engagements comme un autre ; constant dans mes affections et dans ma conduite je suis infidèle à mes émotions : des monuments, des tableaux, des paysages, il fut un temps où le dernier vu était toujours le plus beau ; je mécontentais mes amis en évoquant dans le cynisme ou simplement dans la légèreté — pour me convaincre que j'en étais détaché — un souvenir commun qui pouvait leur rester précieux. Faute de m'aimer assez, j'ai fui en avant ; résultat : je m'aime encore moins, cette inexorable progression me disqualifie sans cesse à mes yeux : hier j'ai mal agi puisque c'était hier et je pressens aujourd'hui le jugement sévère que je porterai sur moi demain. Pas de promiscuité, surtout : je tiens mon passé à distance respectueuse. L'adolescence, l'âge mûr, l'année même qui vient de s'écouler, ce sera toujours l'Ancien Régime : le Nouveau s'annonce dans l'heure présente mais n'est jamais institué : demain, on rasera gratis. Mes premières années, surtout, je les ai biffées : quand j'ai commencé ce livre, il m'a fallu beaucoup de temps pour les déchiffrer sous les ratures. Des amis s'étonnaient, quand j'avais trente ans : « On dirait que vous n'avez pas eu de parents. Ni d'enfance. » Et j'avais la sottise d'être flatté. J'aime et je respecte, pourtant, l'humble et tenace fidélité que certaines gens — des femmes surtout —

gardent à leurs goûts, à leurs désirs, à leurs anciennes entreprises, aux fêtes disparues, j'admire leur volonté de rester les mêmes au milieu du changement, de sauver leur mémoire, d'emporter dans la mort une première poupée, une dent de lait, un premier amour. J'ai connu des hommes qui ont couché sur le tard avec une femme vieillie par cette seule raison qu'ils l'avaient désirée dans leur jeunesse ; d'autres gardaient rancune aux morts ou se seraient battus plutôt que de reconnaître une faute vénielle commise vingt ans plus tôt. Moi, je ne tiens pas les rancunes et j'avoue tout, complaisamment : pour l'autocritique, je suis doué, à la condition qu'on ne prétende pas me l'imposer. On a fait des misères en 1936, en 1945 au personnage qui portait mon nom : est-ce que ça me regarde ? Je porte à son débit les affronts essuyés : cet imbécile ne savait même pas se faire respecter. Un vieil ami me rencontre ; exposé d'amertume : il nourrit un grief depuis dix-sept ans ; en une circonstance définie, je l'ai traité sans égards. Je me rappelle vaguement que je me défendais, à l'époque, en contre-attaquant, que je lui reprochais sa susceptibilité, sa manie de la persécution, bref que j'avais ma version personnelle de cet incident : je n'en mets que plus d'empressement à adopter la sienne ; j'abonde en son sens, je m'accable : je me suis comporté en vaniteux, en égoïste, je n'ai pas de cœur ; c'est un massacre joyeux : je me délecte de ma lucidité ; reconnaître mes fautes avec tant de bonne grâce, c'est me prouver que je ne pourrais plus les commettre. Le croirait-on ? Ma loyauté, ma généreuse confession ne font qu'irriter le plaignant. Il m'a déjoué, il sait que je me sers de lui : c'est à moi qu'il en veut, à moi vivant, présent, passé, *le même* qu'il a toujours connu et je lui abandonne une dépouille inerte pour le plaisir de me sentir *un enfant qui vient de naître*. Je finis par m'emporter à mon tour contre ce furieux qui déterre les cadavres. Inversement, si l'on vient à me rappeler quelque circonstance où, me dit-on, je n'ai pas fait mauvaise figure, je balaie de la main ce souvenir ; on me croit modeste et c'est tout le contraire : je pense que je ferais mieux aujourd'hui et *tellement* mieux demain. Les écrivains d'âge mûr n'aiment pas qu'on les félicite avec trop de conviction de leur première œuvre : mais c'est à moi, j'en suis sûr, que ces compliments-là font le moins de plaisir. Mon meilleur livre, c'est celui que je suis en train d'écrire ; tout de suite après vient le dernier publié mais je me prépare, en douce, à bientôt m'en dégoûter. Que les critiques le trouvent aujourd'hui mauvais, ils me blesseront peut-être, mais dans six mois je ne serai pas loin de partager leur avis. A une condition pourtant : si pauvre et si nul qu'ils jugent cet ouvrage, je veux qu'ils le mettent au-dessus de tout ce que j'ai fait avant lui ; je consens que le lot soit déprécié en entier pourvu qu'on maintienne la hiérarchie chronologique, la seule qui me conserve la chance de faire mieux demain, après-demain mieux encore et de finir par un chef-d'œuvre.

Naturellement je ne suis pas dupe : je vois bien que nous nous répétons. Mais cette connaissance plus récemment acquise ronge mes vieilles évidences sans les dissiper entièrement. Ma vie a quelques témoins sourcilleux qui ne me passent rien ; ils me surprennent souvent à retomber dans les mêmes ornières. Ils me le disent, je les crois et puis, au dernier moment, je me félicite : hier j'étais aveugle ; mon progrès d'aujourd'hui c'est d'avoir compris que je ne pro-

gresse plus. Quelquefois, c'est moi-même qui suis
mon témoin à charge. Par exemple je m'avise que,
deux ans plus tôt, j'ai écrit une page qui pourrait me
servir. Je la cherche et ne la trouve pas ; tant mieux :
j'allais, cédant à la paresse, glisser une vieillerie dans
un ouvrage neuf : j'écris tellement mieux aujour-
d'hui, je vais la refaire. Quand j'ai terminé le travail,
un hasard me fait remettre la main sur la page
égarée. Stupeur : à quelques virgules près, j'expri-
mais la même idée dans les mêmes termes. J'hésite et
puis je jette au panier ce document périmé, je garde
la version nouvelle : elle a je ne sais quoi de
supérieur à l'ancienne. En un mot je m'arrange :
désabusé, je me truque pour ressentir encore, malgré
le vieillissement qui me délabre, la jeune ivresse de
l'alpiniste.

A dix ans je ne connaissais pas encore mes manies,
mes redites et le doute ne m'effleurait pas : trotti-
nant, babillant, fasciné par les spectacles de la rue, je
ne cessais de faire peau neuve et j'entendais mes
vieilles peaux retomber les unes sur les autres.
Quand je remontais la rue Soufflot, j'éprouvais à
chaque enjambée, dans l'éblouissante disparition des
vitrines, le mouvement de ma vie, sa loi et le beau
mandat d'être infidèle à tout. Je m'emmenais tout
entier avec moi. Ma grand-mère veut réassortir son
service de table ; je l'accompagne dans un magasin de
porcelaines et de verreries ; elle montre une soupière
dont le couvercle est surmonté d'une pomme rouge,
des assiettes à fleurs. Ce n'est pas tout à fait ce
qu'elle veut : sur ses assiettes il y a, naturellement,
des fleurs mais aussi des insectes bruns qui grimpent
le long des tiges. La marchande s'anime à son tour :
elle sait très bien ce que veut la cliente, elle a possédé

l'article mais, depuis trois ans, on ne le fait plus ; ce modèle-ci est plus récent, plus avantageux et puis, avec ou sans insectes, des fleurs, n'est-ce pas, sont toujours des fleurs, personne n'ira chercher, c'est le cas de le dire, la petite bête. Ma grand-mère n'est pas de cet avis, elle insiste : ne pourrait-on pas jeter un coup d'œil dans la réserve ? Ah, dans la réserve, oui, bien sûr, mais il faudrait du temps et la marchande est seule : son employé vient de la quitter. On m'a relégué dans un coin en me recommandant de ne toucher à rien, on m'oublie, terrorisé par les fragilités qui m'entourent, par des étincellements poussiéreux, par le masque de Pascal mort, par un pot de chambre qui figure la tête du président Fallières. Or malgré les apparences, je suis un faux personnage secondaire. Ainsi, certains auteurs poussent des « utilités » sur le devant de la scène et présentent leur héros fugitivement en profil perdu. Le lecteur ne s'y trompe pas : il a feuilleté le dernier chapitre pour voir si le roman finissait bien, il sait que le jeune homme pâle, contre la cheminée, a trois cent cinquante pages dans le ventre. Trois cent cinquante pages d'amour et d'aventures. J'en avais au moins cinq cents. J'étais le héros d'une longue histoire qui finissait bien. Cette histoire, j'avais cessé de me la raconter : à quoi bon ? Je me sentais romanesque, voilà tout. Le temps tirait en arrière les vieilles dames perplexes, les fleurs de faïence et toute la boutique, les jupes noires pâlissaient, les voix devenaient cotonneuses, j'avais pitié de ma grand-mère, on ne la reverrait certainement pas dans la deuxième partie. Pour moi, j'étais le commencement, le milieu et la fin ramassés en un tout petit garçon déjà vieux, déjà mort, *ici*, dans l'ombre, entre des piles d'assiettes plus hautes que lui et *dehors,* très loin, au grand soleil funèbre de la gloire. J'étais le corpuscule au début de sa trajectoire et le train d'ondes qui reflue sur lui après s'être heurté au butoir d'arrivée. Rassemblé, resserré, touchant d'une main ma tombe et de l'autre mon berceau, je me sentais bref et splendide, un coup de foudre effacé par les ténèbres.

Pourtant l'ennui ne me quittait pas ; parfois discret, parfois écœurant, je cédais à la tentation la plus fatale quand je ne pouvais plus le supporter : par impatience Orphée perdit Eurydice ; par impatience, je me perdis souvent. Égaré par le désœuvrement, il m'arrivait de me retourner sur ma folie quand il aurait fallu l'ignorer, la maintenir en sous-main et fixer mon attention sur les objets extérieurs ; en ces moments-là, je voulais me *réaliser* sur-le-champ, embrasser d'un seul coup d'œil la totalité qui me hantait quand je n'y pensais pas. Catastrophe ! Le progrès, l'optimisme, les trahisons joyeuses et la finalité secrète, tout s'effondrait de ce que j'avais ajouté moi-même à la prédiction de Mme Picard. La prédiction demeurait mais que pouvais-je en faire ? A vouloir sauver tous mes instants cet oracle sans contenu s'interdisait d'en distinguer aucun ; l'avenir, d'un seul coup desséché, n'était plus qu'une carcasse, je retrouvais ma difficulté d'être et je m'apercevais qu'elle ne m'avait jamais quitté.

Souvenir sans date : je suis assis sur un banc, au Luxembourg : Anne-Marie m'a prié de me reposer près d'elle parce que j'étais en nage, pour avoir trop couru. Tel est du moins l'ordre des causes. Je m'ennuie tant que j'ai l'arrogance de le renverser : j'ai couru parce qu'il *fallait* que je fusse en nage pour donner à ma mère l'occasion de me rappeler. Tout aboutit à ce banc, tout devait y aboutir. Quel en est le rôle ? Je l'ignore et je ne m'en soucie pas d'abord : de toutes les impressions qui m'effleurent, pas une ne sera perdue ; il y a un but : je le connaîtrai, mes neveux le connaîtront. Je balance mes courtes jambes qui ne touchent pas terre, je vois passer un homme qui porte un paquet, une bossue : cela servira. Je me répète dans l'extase : « Il est de toute importance que je reste assis. » L'ennui redouble ; je ne me retiens plus de risquer un œil en moi : je ne demande pas de révélations sensationnelles mais je voudrais deviner le sens de cette minute, sentir son urgence, jouir un peu de cette obscure prescience vitale que je prête à Musset, à Hugo. Naturellement je n'aperçois que des brumes. La postulation abstraite de ma nécessité et l'intuition brute de mon existence subsistent côte à côte sans se combattre ni se confondre. Je ne songe plus qu'à me fuir, qu'à retrouver la sourde vitesse qui m'emportait ; en vain ; le charme est rompu. J'ai des fourmis dans les jarrets, je me tortille. Fort à propos le Ciel me charge d'une mission nouvelle : il est de toute importance que je me remette à courir. Je saute sur mes pieds, je file ventre à terre ; au bout de l'allée je me retourne : rien n'a bougé, rien ne s'est produit. Je me cache ma déception par des paroles : dans une chambre meublée d'Aurillac, je l'affirme, aux environs de 1945, cette course aura d'inappréciables conséquences. Je me déclare comblé, je m'exalte ; pour forcer la main du Saint-Esprit, je lui fais le coup de la confiance : je jure dans la frénésie de mériter la chance qu'il m'a donnée. Tout est à fleur de peau, tout est joué sur les nerfs et je le sais. Déjà ma mère fond sur moi, voici le jersey de laine, le cache-nez, le paletot : je me laisse envelopper, je suis un paquet. Il faut encore subir la rue Soufflot, les moustaches du concierge, M. Trigon, les toussotements de l'ascenseur hydraulique. Enfin le petit prétendant calamiteux se retrouve dans la bibliothèque, traîne d'une chaise à l'autre, feuillette des livres et les rejette ; je m'approche de la fenêtre, j'avise une mouche sous le rideau, je la coince dans un piège de mousseline et dirige vers elle un index meurtrier. Ce moment-ci est hors programme, extrait du temps commun, mis à part, incomparable, immobile, rien n'en sortira ce soir ni plus tard : Aurillac ignorera toujours cette éternité trouble. L'Humanité sommeille ; quant à l'illustre écrivain — un saint, celui-là, qui ne ferait pas de mal à une mouche —, il est justement de sortie. Seul et sans avenir dans une minute croupie, un enfant demande des sensations fortes à l'assassinat ; puisqu'on me refuse un destin d'homme, je serai le destin d'une mouche. Je ne me presse pas, je lui laisse le loisir de deviner le géant qui se penche sur elle ; j'avance le doigt, elle éclate, je suis joué ! Il ne fallait pas la tuer, bon Dieu ! De toute la création, c'était le seul être qui me craignait ; je ne compte plus pour personne. Insecticide, je prends la place de la victime et deviens insecte à mon tour. Je suis mouche, je l'ai toujours été. Cette fois j'ai touché le fond. Il ne me reste plus qu'à prendre sur la table *Les Aventures du capitaine Corcoran,* qu'à me laisser tomber sur le tapis, ouvrant au hasard le livre cent fois relu, je suis si las, si triste que je ne sens plus mes nerfs et que, dès la première ligne, je m'oublie. Corcoran fait des battues dans la bibliothèque déserte, sa carabine sous le bras, sa tigresse sur les talons ; les fourrés de la jungle se disposent hâtivement autour d'eux ; au loin j'ai planté des arbres, les singes sautent de branche en branche. Tout à coup Louison, la tigresse, se met à gronder. Corcoran s'immobilise : voilà l'ennemi. C'est ce moment palpitant que ma gloire choisit pour réintégrer son domicile, l'Humanité pour se réveiller en sursaut et m'appeler à son secours, le Saint-Esprit pour me chuchoter ces mots bouleversants : « Tu ne me chercherais pas si tu ne m'avais trouvé. » Ces flatteries seront perdues : il n'y a personne ici pour les entendre sauf le valeureux Corcoran. Comme s'il n'eût attendu que cette déclaration, l'Illustre Écrivain fait sa rentrée ; un arrière-neveu penche sa tête blonde sur l'histoire de ma vie, les pleurs lui mouillent les yeux, l'avenir se lève, un amour infini m'enveloppe, des lumières tournent dans mon cœur ; je ne bouge pas, je ne donne pas un regard à la fête. Je poursuis bien sagement ma lecture, les lumières finissent par s'éteindre, je ne sens plus rien sauf un rythme, une impulsion irrésistible, je démarre, j'ai démarré, j'avance, le moteur ronfle. J'éprouve la vitesse de mon âme.

Voilà mon commencement : je fuyais, des forces extérieures ont modelé ma fuite et m'ont fait. A travers une conception périmée de la culture, la religion transparaissait, qui servit de maquette : enfantine, rien n'est plus proche d'un enfant. On m'enseignait l'Histoire sainte, l'Évangile, le catéchisme sans me donner les moyens de croire : le résultat fut un désordre qui devint mon ordre particulier. Il y eut des plissements, un déplacement considérable ; prélevé sur le catholicisme, le sacré se déposa dans les Belles-Lettres et l'homme de plume apparut, *ersatz* du chrétien que je ne pouvais être : sa seule affaire était le salut, son séjour ici-bas n'avait d'autre but que de lui faire mériter la béatitude posthume par des épreuves dignement supportées. Le trépas se réduisit à un rite de passage et l'immortalité terrestre s'offrit comme substitut de la vie éternelle. Pour m'assurer que l'espèce humaine me perpétuerait on convint dans ma tête qu'elle ne finirait pas. M'éteindre en elle, c'était naître et devenir infini mais si l'on émettait devant moi l'hypothèse qu'un cataclysme pût un jour détruire la planète, fût-ce dans cinquante mille ans, je m'épouvantais ; aujourd'hui encore, désenchanté, je ne peux penser sans crainte au refroidissement du soleil : que mes congénères m'oublient au lendemain de mon enterrement, peu m'importe ; tant qu'ils vivront je les hanterai, insaisissable, innommé, présent en chacun comme sont en moi les milliards de trépassés que j'ignore et que je préserve de l'anéantissement ; mais que l'humanité vienne à disparaître, elle tuera ses morts pour de bon.

Le mythe était fort simple et je le digérai sans peine. Protestant et catholique, ma double appartenance confessionnelle me retenait de croire aux Saints, à la Vierge et finalement à Dieu tant qu'on les appelait par leur nom. Mais une énorme puissance collective m'avait pénétré ; établie dans mon cœur, elle guettait, c'était la Foi des autres ; il suffit de débaptiser et de modifier en surface son objet ordinaire : elle le reconnut sous les déguisements qui me trompaient, se jeta sur lui, l'enserra dans ses griffes. Je pensais me donner à la Littérature quand, en vérité, j'entrais dans les ordres. En moi la certitude du croyant le plus humble devint l'orgueil-leuse évidence de ma prédestination. Prédestiné, pourquoi pas ? Tout chrétien n'est-il pas un élu ? Je poussais, herbe folle, sur le terreau de la catholicité, mes racines en pompaient les sucs et j'en faisais ma sève. De là vint cet aveuglement lucide dont j'ai souffert trente années. Un matin, en 1917, à La Rochelle, j'attendais des camarades qui devaient m'accompagner au lycée ; ils tardaient, bientôt je ne sus plus qu'inventer pour me distraire et je décidai de penser au Tout-Puissant. A l'instant il dégringola dans l'azur et disparut sans donner d'explication : il n'existe pas, me dis-je avec un étonnement de politesse et je crus l'affaire réglée. D'une certaine manière elle l'était puisque jamais, depuis, je n'ai eu la moindre tentation de le ressusciter. Mais l'Autre restait, l'Invisible, le Saint-Esprit, celui qui garantis-sait mon mandat et régentait ma vie par de grandes forces anonymes et sacrées. De celui-là, j'eus d'au-tant plus de peine à me délivrer qu'il s'était installé à l'arrière de ma tête dans les notions trafiquées dont j'usais pour me comprendre, me situer et me justi-fier. Écrire, ce fut longtemps demander à la Mort, à la Religion sous un masque d'arracher ma vie au hasard. Je fus d'Église. Militant, je voulus me sauver par les œuvres ; mystique, je tentai de dévoiler le silence de l'être par un bruissement contrarié de mots et, surtout, je confondis les choses avec leurs noms : c'est croire. J'avais la berlue. Tant qu'elle dura, je me tins pour tiré d'affaire. Je réussis à trente ans ce beau coup : d'écrire dans *La Nausée* — bien sincère-ment, on peut me croire — l'existence injustifiée, saumâtre de mes congénères et mettre la mienne hors de cause. *J'étais* Roquentin, je montrais en lui, sans

complaisance, la trame de ma vie ; en même temps
j'étais *moi,* l'élu, annaliste des enfers, photomicros-
cope de verre et d'acier penché sur mes propres
sirops protoplasmiques. Plus tard j'exposai gaîment
que l'homme est impossible ; impossible moi-même
je ne différais des autres que par le seul mandat de
manifester cette impossibilité qui, du coup, se transfigurait, devenait ma possibilité la plus intime, l'objet
de ma mission, le tremplin de ma gloire. J'étais
prisonnier de ces évidences mais je ne les voyais pas :
je voyais le monde à travers elles. Truqué jusqu'à l'os
et mystifié, j'écrivais joyeusement sur notre malheureuse condition. Dogmatique je doutais de tout sauf
d'être l'élu du doute ; je rétablissais d'une main ce
que je détruisais de l'autre et je tenais l'inquiétude
pour la garantie de ma sécurité ; j'étais heureux.

J'ai changé. Je raconterai plus tard quels acides ont
rongé les transparences déformantes qui m'enveloppaient, quand et comment j'ai fait l'apprentissage de
la violence, découvert ma laideur — qui fut pendant
longtemps mon principe négatif, la chaux vive où
l'enfant merveilleux s'est dissous — par quelle raison
je fus amené à penser systématiquement contre moi-
même au point de mesurer l'évidence d'une idée au
déplaisir qu'elle me causait. L'illusion rétrospective
est en miettes ; martyre, salut, immortalité, tout se
délabre, l'édifice tombe en ruine, j'ai pincé le Saint-
Esprit dans les caves et je l'en ai expulsé ; l'athéisme
est une entreprise cruelle et de longue haleine : je
crois l'avoir menée jusqu'au bout. Je vois clair, je
suis désabusé, je connais mes vraies tâches, je mérite
sûrement un prix de civisme ; depuis à peu près dix
ans je suis un homme qui s'éveille, guéri d'une
longue, amère et douce folie et qui n'en revient pas et

qui ne peut se rappeler sans rire ses anciens erre-
ments et qui ne sait plus que faire de sa vie. Je suis
redevenu le voyageur sans billet que j'étais à sept
ans : le contrôleur est entré dans mon compartiment,
il me regarde, moins sévère qu'autrefois : en fait il ne
demande qu'à s'en aller, qu'à me laisser finir le
voyage en paix ; que je lui donne une excuse valable,
n'importe laquelle, il s'en contentera. Malheureusement je n'en trouve aucune et, d'ailleurs, je n'ai
même pas l'envie d'en chercher : nous resterons en
tête à tête, dans le malaise, jusqu'à Dijon où je sais
fort bien que personne ne m'attend.

J'ai désinvesti mais je n'ai pas défroqué : j'écris
toujours. Que faire d'autre ?

Nulla dies sine linea.

C'est mon habitude et puis c'est mon métier.
Longtemps j'ai pris ma plume pour une épée, à
présent je connais notre impuissance. N'importe : je
fais, je ferai des livres ; il en faut ; cela sert tout de
même. La culture ne sauve rien ni personne, elle ne
justifie pas. Mais c'est un produit de l'homme : il s'y
projette, s'y reconnaît ; seul, ce miroir critique lui
offre son image. Du reste, ce vieux bâtiment ruineux,
mon imposture, c'est aussi mon caractère : on se
défait d'une névrose, on ne se guérit pas de soi. Usés,
effacés, humiliés, rencognés, passés sous silence,
tous les traits de l'enfant sont restés chez le quinquagénaire. La plupart du temps ils s'aplatissent dans
l'ombre, ils guettent : au premier instant d'inatten-
tion, ils relèvent la tête et pénètrent dans le plein jour
sous un déguisement : je prétends sincèrement
n'écrire que pour mon temps mais je m'agace de ma
notoriété présente ; ce n'est pas la gloire puisque je
vis et cela suffit pourtant à démentir mes vieux rêves,

serait-ce que je les nourris encore secrètement ? Pas
tout à fait : je les ai, je crois, adaptés : puisque j'ai
perdu mes chances de mourir inconnu, je me flatte
quelquefois de vivre méconnu. Grisélidis pas morte.
Pardaillan m'habite encore. Et Strogoff. Je ne relève
que d'eux qui ne relèvent que de Dieu et je ne crois
pas en Dieu. Allez vous y reconnaître. Pour ma part,
je ne m'y reconnais pas et je me demande parfois si je
ne joue pas à qui perd gagne et ne m'applique à
piétiner mes espoirs d'autrefois pour que tout me soit
rendu au centuple. En ce cas je serais Philoctète :
magnifique et puant, cet infirme a donné jusqu'à son
arc sans condition ; mais, souterrainement, on peut
être sûr qu'il attend sa récompense.

Laissons cela. Mamie dirait :

« Glissez, mortels, n'appuyez pas. »

Ce que j'aime en ma folie, c'est qu'elle m'a
protégé, du premier jour, contre les séductions de
« l'élite » : jamais je ne me suis cru l'heureux propriétaire d'un « talent » : ma seule affaire était de me
sauver — rien dans les mains, rien dans les poches —
par le travail et la foi. Du coup ma pure option ne
m'élevait au-dessus de personne : sans équipement,
sans outillage je me suis mis tout entier à l'œuvre
pour me sauver tout entier. Si je range l'impossible
Salut au magasin des accessoires, que reste-t-il ? Tout
un homme, fait de tous les hommes et qui les vaut
tous et que vaut n'importe qui.

INDEX DES NOMS PROPRES

INDEX DES ŒUVRES[1]

1. Sartre a parfois fait erreur sur le titre de livres lus dans son enfance. Nous signalons par un astérisque ceux que nous rétablissons ici, avec le nom de leur auteur quand il y a lieu, grâce aux recherches de Philippe Lejeune (*Lectures de Sartre*, textes réunis et présentés par Claude Burgelin, Presses Universitaires de Lyon, 1986).

DU MÊME AUTEUR

Aux Éditions Gallimard

Romans

LA NAUSÉE.

LES CHEMINS DE LA LIBERTÉ, I : L'ÂGE DE RAISON.

LES CHEMINS DE LA LIBERTÉ, II : LE SURSIS.

LES CHEMINS DE LA LIBERTÉ, III : LA MORT DANS L'ÂME.

ŒUVRES ROMANESQUES (Bibliothèque de la Pléiade).

Nouvelles

LE MUR *(Le mur — La chambre — Érostrate — Intimité — L'enfance d'un chef).*

Théâtre

THÉÂTRE, I : *Les mouches — Huis clos — Morts sans sépulture — La putain respectueuse.*

LES MAINS SALES.

LE DIABLE ET LE BON DIEU.

KEAN, d'après Alexandre Dumas.

NEKRASSOV.

LES SÉQUESTRÉS D'ALTONA.

LES TROYENNES, d'après Euripide.

Littérature

SITUATIONS, I, II, III, IV, V, VI, VII, VIII, IX, X

BAUDELAIRE.

CRITIQUES LITTÉRAIRES.

QU'EST-CE QUE LA LITTÉRATURE ?

SAINT-GENET, COMÉDIEN ET MARTYR (Les Œuvres complètes de Jean Genet, tome I).

LES MOTS.

LES ÉCRITS DE SARTRE, de Michel Contat et Michel Rybalka.

L'IDIOT DE LA FAMILLE, *Gustave Flaubert de 1821 à 1857,* I, II et III. *(Nouvelle édition revue et complétée).*

PLAIDOYER POUR LES INTELLECTUELS.

UN THÉÂTRE DE SITUATIONS.

LES CARNETS DE LA DRÔLE DE GUERRE (novembre 1939-mars 1940).

LETTRES AU CASTOR *et à quelques autres* :
   I. 1926-1939.
   II. 1940-1963.

LE SCÉNARIO FREUD.

MALLARMÉ, *La lucidité et sa face d'ombre.*

Philosophie

L'IMAGINAIRE, *Psychologie phénoménologique de l'imagination.*

L'ÊTRE ET LE NÉANT, *Essai d'ontologie phénoménologique.*

CRITIQUE DE LA RAISON DIALECTIQUE *(précédé de* QUESTIONS DE MÉTHODE), I : *Théorie des ensembles pratiques.*

CAHIERS POUR UNE MORALE.

VÉRITÉ ET EXISTENCE.

CRITIQUE DE LA RAISON DIALECTIQUE, II : *L'intelligibilité de l'Histoire.*

QUESTIONS DE MÉTHODE (collection « Tel »).

Essais politiques

RÉFLEXIONS SUR LA QUESTION JUIVE.

ENTRETIENS SUR LA POLITIQUE, avec David Rousset et Gérard Rosenthal.

L'AFFAIRE HENRI MARTIN, textes commentés par Jean-Paul Sartre.

ON A RAISON DE SE RÉVOLTER, avec Philippe Gavi et Pierre Victor.

Scénario

SARTRE, un film réalisé par Alexandre Astruc et Michel Contat.

Entretiens

Entretiens avec Simone de Beauvoir, *in* LA CÉRÉMONIE DES ADIEUX de Simone de Beauvoir

Iconographie

SARTRE, IMAGES D'UNE VIE, album préparé par L. Sendyk-Siegel, commentaire de Simone de Beauvoir.

Impression Bussière Camedan Imprimeries
à Saint-Amand (Cher),
le 19 juillet 1996.
Dépôt légal : juillet 1996.
1er dépôt légal dans la collection : janvier 1972
Numéro d'imprimeur : 1/1736.
ISBN 2-07-036607-3./Imprimé en France.